网店模拟运营

WANG DIAN MONI YUNYING

主　编　鲍建峰

副主编　张德洲　袁　亮　胡　宁

聂文辉　王　蕾

江苏大学出版社
JIANGSU UNIVERSITY PRESS
镇　江

图书在版编目(CIP)数据

网店模拟运营 / 鲍建峰主编. — 镇江 ：江苏大学出版社，2017.12
ISBN 978-7-5684-0724-3

Ⅰ. ①网… Ⅱ. ①鲍… Ⅲ. ①网店－运营管理－高等职业教育－教材 Ⅳ. ①F713.365.2

中国版本图书馆 CIP 数据核字(2017)第 324382 号

网店模拟运营
Wangdian Moni Yunying

主　　编/鲍建峰
责任编辑/张小琴
出版发行/江苏大学出版社
地　　址/江苏省镇江市梦溪园巷 30 号(邮编：212003)
电　　话/0511-84446464(传真)
网　　址/http://press.ujs.edu.cn
排　　版/镇江华翔票证印务有限公司
印　　刷/虎彩印艺股份有限公司
开　　本/718 mm×1 000mm　1/16
印　　张/13
字　　数/251 千字
版　　次/2017 年 12 月第 1 版　2017 年 12 月第 1 次印刷
书　　号/ISBN 978-7-5684-0724-3
定　　价/37.00 元

前　言

随着生活信息化的发展和互联网的普及,网上购物已经改变了传统的购物模式,它不受时间和空间的限制,网店产品的多样化给予消费者更多的选择和便利。因此,网店潜藏着巨大的商机,在互联网日益成熟的今天,网店的运营及推广已经成为新型电子商务人才的必备技能。

当前社会对电子商务人才的需求数量呈现快速增长的趋势,对其能力、素质的要求越来越高。然而,在过去的电子商务教学中,以理论和案例为主的教学模式并不能引起学生的学习兴趣。为适应职业教育教学的改革和课程建设的需要,使学生能够仿真实训演练,体验电子商务企业经营的过程,感悟经营活动的魅力,增强团队意识,全面提升职业素养,编者结合多年教学经验和指导学生竞赛心得,以 ITMC 网店推广运营软件为依据编写了本书。

ITMC 网店推广运营软件是由中教畅享(北京)科技有限公司研发的电子商务企业经营模拟仿真软件,该系统对于学生的决策能力、分析和解决问题的能力、团队协作精神、创新思维能力等方面具有很好的提升作用。该软件问世以来以其体验式教学方法获得学生的广泛认可,其课程摒弃了传统的以理论和案例分析为主的方式,通过一种全新的感官冲击进行真实的模拟沙盘学习,极大地增强了娱乐性并使枯燥的课程变得生动、有趣。通过近乎真实的商场模拟能充分调动参与者的竞争热情,利用该软件的教学方式,在培养应用型人才方面越来越显示出其独特的作用。

第一,网店模拟运营有助于在实践中指导理论学习。该方法改变了传统的教学方法,解决了学生只能被动接受知识而无法主动参与的问题,更重要的是可以培养学生将理论知识与企业实际运作紧密联系的能力,以及发现问题、分析问题、解决问题、进行科学决策的能力。

第二,网店模拟运营有助于节约成本。该方法为学生提供了一个平台,学生根据所掌握的理论知识,能够亲身体验如何运用所学知识来创造财富。在成功中收获创造财富的喜悦，在失败中吸取经验教训，这些都将为学生以后的实际工作提供宝贵的实践经验，避免在实际工作中造成损失。另外，网店模拟运营要有创新意识，及时把握产品的生命周期，不断有新产品补充市场。此外，还要有全局战略规划，如果没有好的战略规划，即使企业有很充足的现金流，经营也是混乱的，并造成很大的浪费。

第三，网店模拟运营有助于培养学生的团队协作精神。社会上任何工作都需要整体配合才能较好地完成。在模拟实训中需要每一个参与的学生以主人公的身份全身心地投入所扮演的角色中，不但要解决好自己所承担的职责，还要与其他人协调配合，完成整个模拟任务。通过网店模拟运营，可以使学生深刻地感受一个企业团队精神的重要性。

本书由淄博职业学院鲍建峰担任主编，编者自 2005 年开始从事电子商务专业的教学工作并担任专业技能大赛的指导教师，积累了比较丰富的教学经验。此外，本书由山东轻工职业学院的张德洲、王蕾，淄博职业学院的胡宁，淄博市张店八中的聂文辉担任副主编，山东轻工职业学院的李新艳参与编写。为了更好地满足课程的需要，结合指导学生的实际情况，编者参考了相关书籍和文献。在此，向所有被引用文献的作者，向给予指导和帮助的专家学者表示衷心的感谢。

由于编者水平有限，书中难免有缺陷和疏漏之处，恳请专家、读者批评指正。

目　　录

项目一　网店模拟运营概述

模块一　企业经营的本质 …… 001

任务一、企业如何生存 …… 002

任务二、企业如何发展 …… 002

任务三、企业如何盈利 …… 003

模块二　企业经营的财务管理 …… 003

任务一、流动资金的管理 …… 004

任务二、融资渠道的选择 …… 005

任务三、财务分析 …… 006

模块三　网店模拟运营软件介绍 …… 006

任务一、网店模拟运营系统的介绍 …… 006

任务二、网店模拟运营系统的作用 …… 008

任务三、网店模拟运营系统的构架 …… 009

模块四　组建团队 …… 010

任务一、网店模拟运营企业的组织结构 …… 010

任务二、各个角色的岗位职责 …… 010

任务三、组建团队 …… 012

项目二　网店模拟运营规则

模块一　开店规则 …… 015

任务一、办公场所选择规则 …… 015

任务二、配送中心设置规则 …… 017

任务三、网店开设规则 …… 018

任务四、网店装修规则 …… 018
模块二 采购规则 …… 018
任务一、采购投标规则 …… 018
任务二、商品入库 …… 019
模块三 推广规则 …… 020
任务一、商品发布规则 …… 020
任务二、SEO 优化规则 …… 021
任务三、SEM 推广规则 …… 023
任务四、SEM 管理规则 …… 024
任务五、团购规则 …… 024
任务六、秒杀规则 …… 025
任务七、套餐规则 …… 025
任务八、促销规则 …… 025
任务九、站外推广规则 …… 027
模块四 运营规则 …… 028
任务一、订单分发规则 …… 028
任务二、物流选择规则 …… 028
任务三、货物出库规则 …… 029
任务四、货物签收规则 …… 029
模块五 其他规则 …… 029
任务一、财务规则 …… 029
任务二、人群成交规则 …… 031
任务三、得分规则 …… 034
任务四、破产规则 …… 035

项目三 网店模拟运营操作

模块一 经营流程 …… 036
任务一、期初工作 …… 038
任务二、开店 …… 040
任务三、采购 …… 044

任务四、推广 …… 045
任务五、运营 …… 055
任务六、财务 …… 058
模块二 辅助工具 …… 061
任务一、基础管理工具 …… 061
任务二、基础信息查询工具 …… 063
任务三、订单信息查询工具 …… 065
任务四、物流信息查询工具 …… 067
任务五、其他工具 …… 068
模块三 经营分析 …… 069
任务一、市场预测图 …… 069
任务二、现金流量表 …… 070
任务三、财务报表 …… 071
任务四、市场占有率 …… 072
任务五、订单分析 …… 073
任务六、其他分析工具 …… 074

项目四 网店模拟运营的战略分析

模块一 经营环境分析 …… 079
任务一、经营环境分析的重要性 …… 079
任务二、经营环境分析的内容 …… 080
任务三、商品生命周期 …… 082
任务四、商品需求预测分析 …… 084
模块二 网店定位分析 …… 086
任务一、市场定位的方式与原则 …… 086
任务二、商品分析与定位 …… 087
任务三、目标人群定位 …… 088
模块三 营销推广策略 …… 091
任务一、关键词优化 …… 091
任务二、关键词推广 …… 094

任务三、站外推广 …… 096
任务四、店内促销 …… 097

项目五　网店模拟运营轮度

模块一　第一轮经营 …… 098
任务一、第一轮第一期经营 …… 099
任务二、第一轮第二期经营 …… 106
任务三、第一轮轮末总结研讨 …… 114
模块二　第二轮经营 …… 116
任务一、第二轮第一期经营 …… 116
任务二、第二轮第二期经营 …… 124
任务三、第二轮轮末总结研讨 …… 133
模块三　第三轮经营 …… 135
任务一、第三轮第一期经营 …… 135
任务二、第三轮第二期经营 …… 144
任务三、第三轮轮末总结研讨 …… 152
模块四　第四轮经营 …… 154
任务一、第四轮第一期经营 …… 154
任务二、第四轮第二期经营 …… 164
任务三、第四轮轮末总结研讨 …… 172
模块五　第五轮经营 …… 175
任务一、第五轮第一期经营 …… 175
任务二、第五轮第二期经营 …… 183
任务三、第五轮轮末总结研讨 …… 192
模块六　网店模拟运营轮度总结 …… 195
任务一、岗位评价 …… 195
任务二、经营分析报告 …… 198
参考文献 …… 199

项目一　网店模拟运营概述

学习目标

1. 理解企业经营的本质。
2. 掌握企业经营的财务管理方案。
3. 了解模拟软件的基本情况。
4. 学会组建各自的团队。

企业经营是指企业在物质生产和商品交换的经济活动中,搞好市场调查与预测、选定产品发展方向,制订长期发展规划,进行科学决策,达到预定的经营目标的过程。企业经营犹如在波涛汹涌的大海中航行。企业要在瞬息万变的竞争环境里生存和发展,离不开企业战略目标的指引。在制订发展战略时,一定要注意控制发展速度,这样做并不是墨守成规、停滞不前,而是确保企业发展的速度与企业权益和财务状况平衡发展,这才是企业经营管理的精髓。

企业在制订战略时一定不能脱离实际,要懂得量力而行。当然过于保守也不行。由于资源有限,企业在一定时期内,只能做有限的事,因此目标一定要明确。具体来说,应思考公司规模是大还是小,公司商品是多品种还是少品种;消费人群是多人群还是少人群;市场地位是努力成为市场领导者还是跟随者。

模块一　企业经营的本质

企业活动中的一些普遍规律可以帮助我们化繁为简,透过复杂的商业现象找到企业在经营中的基本要素,并使公司的每个员工理解这些最基本的要素,从而让员工的行为与这些最基本的要素相关。做到这一点,公司员工都会感到公司经营的这些最基本要素与他们工作息息相关,并从中获得最大的成就感和满足感,而公司也会因此获得赢利性的增长。

理解企业经营的本质,掌握正确的经营逻辑,从顾客的立场出发,有效运用战略、营销、产品、服务、价值链及品牌的基本价值,让企业可以不受外部环境影响,规划自己的成长之路。因此,在经营企业的时候,总目标应该是生存、发展和获利。

任务一、企业如何生存

企业要想在残酷的市场竞争中生存下来,起码需要具备两个基本条件:

一是收可抵支。企业付出货币从市场上获取所需的资源,提供市场需要的商品和服务,从市场上换回货币。企业从市场获得的货币至少要等于付出的货币,才能维持经营,这是企业长期存续的基本条件。如果出现相反的情况,企业没有足够的货币从市场换取必要的资源,规模就会萎缩,直至无法维持最低的运营条件而终止。如果企业长期亏损,扭亏无望,就失去了存在的意义。为避免进一步扩大损失,所有者应该主动终止营业。

二是按期偿债。企业为扩大业务规模或满足经营周转的临时需要,可以向系统借债,一旦企业资不抵债或资金链断裂,企业即宣告破产。

企业生存的主要威胁来自两个方面:一方面是长期亏损,它是企业终止的内在原因;另一方面就是不能偿还到期债务,它是企业终止的直接原因。亏损企业为维持运营被迫进行偿债性融资,借新债还旧债,如不能扭亏为盈,迟早会因筹不到资金而无法周转,从而不能偿还到期债务。盈利企业也可能因借款扩大销售业务规模,而出现无法偿还债务的情况,使企业无法长期、稳定地生存下去。

任务二、企业如何发展

企业是在发展中求生存的。电子商务企业的经营如逆水行舟,不进则退。市场上商品不断更新换代,企业必须不断推出更好、更新、更受顾客欢迎的产品,才能在市场中立足。在竞争激烈的市场上,各个企业此消彼长、优胜劣汰。一个企业如果不能提供优良的商品和服务,不能扩大自己的市场份额,就会被其他企业排挤出去。企业的发展集中表现为扩大收入,而扩大收入的根本途径是扩大销售数量,提高商品销售额。企业要想实现这样的目标,就离不开资金,因此,筹集企业发展所需的资金是其得以持续发展的基础。

任务三、企业如何盈利

企业只有能够获利,才有存在的价值。企业经营的目标就是实现股东权益最大化,即盈利。盈利主要有两种途径:一是扩大销售,二是控制成本。从财务上看,盈利就是使资产获得超过其投资的回报。在市场经济中,没有免费使用的资金,资金的每项来源都有其成本。每项资产都是投资,要努力从中获得回报。

企业经营的根本目标是盈利。那么,如何衡量经营的成败?有两个关键的指标:资产报酬率(ROA)和权益报酬率(ROE)。

ROA 相当于企业中一元钱的资产能获利多少,其值越高,说明企业的经营能力越强。但我们知道,企业的资产并不属于股东,股东最关心的是他的报酬率。ROE 反映的是股东一元钱的投资能收益多少,其值当然也是越高越好。

两者之间的关系可以用公式表示为

$$ROE = ROA \times 1/(1 - \text{资产负债率})$$

ROA 一定,资产负债率越高,ROE 就越高,表明企业在借钱生钱,用别人的钱为股东赚钱,这就是财务杠杆效应;资产负债率不变,ROA 越高,ROE 也越高,表明企业的经营能力越强,给股东带来更大的回报,这就是经营杠杆效应。

如果资产负债率过高,企业风险就会很大。也就是说,当经营者欠别人钱时,主动权就不在他手里。一旦环境有变数,风险就变大。比如,由于贷款到期导致现金短缺,企业将面临严重的风险。当然,如果资产负债率大于 1,那么就是资不抵债,理论上讲就是破产了。

模块二　企业经营的财务管理

对于企业而言,在一定的条件下,现金比利润更重要,现金状况影响企业的生存质量。有许多企业在账面上有巨额盈利,但却因现金不足而破产;有些企业虽然在账面上巨额亏损,却因有足够的现金得以生存。公司的财务活动就是现金在公司循环和周转的过程,即筹资、投资、再筹资、投资……从起点又回到起点。这不是简单的重复,在这个过程中公司创造了财富,使公司和其他利益相关者受益,是一个螺旋上升的循环模式。

现金管理要解决的问题:一是尽快取得现金收入并缩短现金循环的周期;二是保证有足够的现金来偿还到期的支出款项并且合理利用销售收入。

任务一、流动资金的管理

电子商务企业经营中,因为对现金使用不当导致企业经营困难甚至破产的案例时有发生。发生这些现象的主要原因在于企业没有做好现金预算和财务计划。

以下几种情况是电子商务企业模拟经营中经常会看到的:

① 在经营状态中看到现金不少,心中就比较放心;

② 还有不少现金,但是企业难以持续经营下去;

③ 能借钱的时候尽量多借点,以免日后借不到。

出现这些情况,说明经营者对现金管理还不太理解。下面从现金管理的角度一一进行分析。

库存现金不是越多越好,现金如果够用,则库存越少越好。现金从哪里来?可能是短期贷款、民间融资或长期贷款,这些都是要付利息的。

现金不少,但是企业难以继续经营,可能是所持有的现金不足以支付应支付的款项,造成现金断流。一般造成现金流断裂的原因包括不能支付应付账款、贷款融资或长期本息、员工工资、租赁费、维修费、售后服务费、库存管理费、行政管理费、相关税费、物流费用及网店装修费用。

权益和资金有什么关系呢?从短期来看,两者是矛盾的,资金越多,需要付出的资金成本越多,这反而会降低本轮权益;从长期来看,两者又是统一的,权益高了,就可以从银行借更多的钱。企业经营,特别是在经营初期,在这两者之间难以决策,要想发展,做大做强,必须得借钱融资,但这受制于权益,借钱受到极大的限制。

在权益较大的时候多借一些钱,以免下一轮权益下降了借不到。这个观点有一定的道理,但是也不能盲目地借钱,否则以后一直会背负沉重的财务负担,甚至不能偿还本金。

通过上述内容可以看出资金管理的重要性。资金是企业日常经营的“血液”,不能中断。将可能涉及资金流入流出的业务汇总后,不难发现其基本上涵盖了所有的业务。经营企业要充分做好资金预算就显得非常有意义了。

任务二、融资渠道的选择

网店模拟经营提供了短期贷款、民间融资和长期贷款三种融资方式,在具体的经营中需要考虑以下因素:

(1) 由于受到所有者权益数额的限制,要贷款必须考虑权益,因此尽量将企业的权益做高。在模拟经营的前三轮,特别是第一轮、第二轮,由于投资数额较大,为抢占市场占有率,企业利润往往较少,并呈现下降趋势。在融资过程中一定要对权益的数额进行预测,以明确信贷数额,防止企业因资金链断裂而破产。

(2) 在融资时要注意贷款的用途。短期资金的融资模式分为短期贷款和民间融资两种。短期贷款由于偿还期限短,偿债压力大,一般只能用于弥补流动资金的不足;长期贷款期限长,偿债压力小,可用于弥补企业长期建设资金的不足。在具体使用时,若将短期资金大量用于关键词竞价(SEM)推广、员工工资支付、慈善捐助等项目,企业将面临债务危机,甚至有可能面临无法偿还债务而破产的风险。特别是在经营的前两轮,资金需求量大,企业利润少。因此,在营销推广上,企业要量入为出,切不可盲目。

(3) 考虑到贷款成本及还款期的问题,在流动资金不足时一般优先考虑短期贷款,然后是民间融资。具体应用时应该注意,短期贷款和民间融资都是每一期只有一次机会进行贷款。在进入下一期经营前,应该认真核对资金缺口,若资金不足应及时贷款,然后进入下一季度经营。

由于短期贷款和长期贷款共享最大贷款额度,在第一期经营时应该规划好下一轮的资金需求。特别是在第一轮的时候,为了让第二轮有充裕的资金,第一轮轮末应该将长期贷款贷满,延长还款期限并弥补经营资金的不足,以避免经营前由于权益下降而丧失贷款的机会。这样在第一轮时就尽量少贷短期贷款,确实需要贷款就只能民间融资,虽然贷款成本比短期贷款有所增加,但是保证了第一轮轮末长期贷款的额度。

任务三、财务分析

财务分析是借助财务报告反映的财务数据，采用专门方法系统分析和评价企业的过去及现在的财务状况、经营成果，通过了解过去、评价现在、预测未来可以把大量的报告数据转换成对企业预测、决策、控制有用的信息。在财务管理中，财务分析起着承上启下的作用。财务分析的数据大部分来源于财务报告，在分析财务报告的基础上，对企业的偿债能力、盈利能力、运营能力、发展能力做出评价。

通过财务分析，既能找到企业经营中的薄弱环节，又能从企业全局把握问题所在。通常，分析只能发现问题而不能提供解决问题的答案，但通过分析，能够明确需要详细调查和研究的项目，帮助企业解决问题，做出下一步经营决策。如果没有分析，就不能将历史数据转变为对决策有用的信息。

模块三　网店模拟运营软件介绍

任务一、网店模拟运营系统的介绍

随着互联网的发展与成熟，电子商务也在最近几年高速发展，通过电子商务参与市场竞争，正成为广大中小企业的一个共识。目前，不论第三方电子商务平台还是自建的电子商务网站，基本上都是“电子贸易”市场的概念，商家在上面发布信息，进行交易，但是他们本身并不管理这些交易信息。随着电子商务“交易量”的增大，电子商务正从初级阶段向全程电子商务阶段发展。全程电子商务成功地将电子商务过程中的交易信息与企业内部核心业务紧密联系在一起，使得电子商务成为进行企业管理和商业活动的一个重要途径和环节。全程电子商务不仅能够实现 B2B/B2C 电子商务，还能帮助企业进行客户关系维护、采购、库存、财务等业务管理。

大数据在中国互联网最典型的应用就是电子商务，大数据应用已成为电子商务网站提高运营效率、提升营销效果的重要手段。产品设计顺应互联网发展趋势，紧密对接行业标准，体现产业前沿技术，提高学生利用大数据实现精准营销的能力。

商场如战场,特别是在当今的“互联网+”时代,一个电商企业的实际经营管理工作可能比作战指挥还复杂。如果只是凭借想象去描绘电商企业如何管理,无疑是“纸上谈兵”。而如果仅仅是在每一门课程中展现企业的一个局部现状,也会让学习者感到“只见树木,不见森林”。把一个企业各个关键部门的运作提炼成一个虚拟企业,让学习者模拟整个电商企业的日常经营过程中的管理活动,进行实际演练,可以避免前面的缺憾。本书介绍的网店模拟运营系统就是基于中教畅享(北京)科技有限公司的网店运营推广系统,如图 1-1 所示。

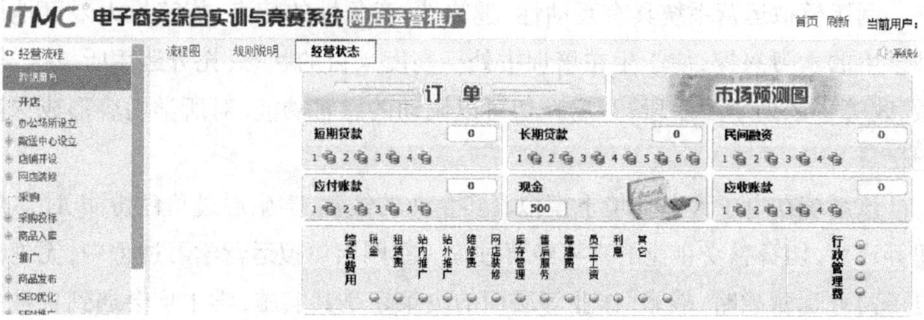

图 1-1 网店运营推广系统

通过中教畅享(北京)科技有限公司研发的网店运营推广系统对全程电子商务环境下企业经营进行逼真模拟。将学员分成若干个团队,每个团队各自经营一个虚拟公司,每个团队由 4 ~ 6 人组成,每队成员将分别担任公司中的重要职位(总裁、财务总监、营销总监、运营总监)。每个公司拥有 500 万元虚拟启动资金,在同一市场环境下、同样的规则条件下相互竞争与发展。每个公司将依据市场数据魔方信息决定自己的定位和市场策略;通过租赁办公场所、建立配送中心、装修网店、采购商品设立网上商店;根据运营数据进行搜索引擎优化(SEO)操作、获取尽可能多的自然流量,进行关键词竞价(SEM)推广、获取尽可能多的付费流量;针对消费人群开展促销活动,制定商品价格,提升转化率;处理订单,配送商品,结算资金;规划资金需求,控制成本,分析财务指标,调整经营策略,创造最大利润。通过数个会计年度的训练,让学生充分了解电子商务企业的敏捷经营之道,掌握经营电子商务企业提升流量、提高转化率的基本技巧,学会大数据环境下的精准营销。

任务二、网店模拟运营系统的作用

网店模拟运营系统不仅可以让学生从战略高度来观察电子商务的全貌，而且可以亲身体验电子商务活动主要环节的执行过程。通过团队成员各个虚拟角色之间的沟通与配合，学会如何利团队力量解决实践中遇到的各种典型问题。

1. 提高学生学习兴趣，增强教学效果

网店模拟运营系统具有互动性、趣味性、竞争性的特点，能够最大限度地调动学生的学习兴趣，使学生在培训中处于高度兴奋的状态，充分运用听、说、学、做、改等一系列学习手段，开启一切可以调动的感官功能，对所学内容形成深度记忆。

该系统在电子商务环境下模拟真实企业的经营，学生通过角色扮演、团队组建等环节，切身感受企业的真实经营过程。在网店模拟运营学习过程中，无论是电子商务运营战略、战术、作业等层面的决策还是其实施，学生均会遇到各种各样的问题，但通过团队成员的不断交流讨论来解决问题，让学生获得一种成就感，使其学习态度逐渐由被动接受转变为主动学习，学习兴趣不断被激发。

网店模拟运营系统将抽象的理论知识转化为具体的可操作的实践内容，通过对模拟系统的亲自操作，将书本上枯燥的理论内容具体化、情景化和过程化，学生得到的不再是空洞乏味的概念和理论，而是极其宝贵的实践经验和深层次的领会与感悟，使学生真正达到“做中学，学中做”，将理论知识、实践技能、态度融为一体，进而提高教学效果。

2. 培养学生综合素质，增强职业竞争力

在引入模拟系统后，学生可以将理论基础知识转化为可操作的模拟经营过程。通过团队建设，培养学生团队合作能力、综合分析判断能力，提高学生的综合素质；通过角色扮演，使学生清楚地了解与掌握电子商务环境下企业经营中各工作岗位的内容与技能，逐渐适应日后工作的职业环境，与此同时，职业能力、精神及道德等也得到不断培养。在电子商务企业模拟运作过程中，学生既可以从战略高度来观察电子商务的全貌，也可以亲身体验电子商务活动主要环节的执行过程。通过团队成员各个虚拟角色之间的沟通与配合，学生学习如何利用团队力量解决实践中遇到的各种典型问题，使其具备毕业即就岗的能力，增强其职业竞争力。

3. 改进实践教学手段,提高教师实践教学能力

网店模拟运营系统是对真实电商操作经营过程的高度仿真模拟,这种教学模式对教师的实践教学能力提出了更高的要求。教师需要打破传统的教学观念和教学模式,既要把基础理论知识融入电子商务沙盘的实践教学中,又要让学生从模拟中区分和现实经营的差异,活学活用。

任务三、网店模拟运营系统的构架

网店模拟运营系统的盘面主要由订单、市场预测图、融资状况、综合费用、行政管理费用构成。每个虚拟公司通过操作电子商务企业经营流程、辅助工具和经营分析 3 个业务模块,完成每一阶段的虚拟电子商务企业运营过程。电子商务企业经营流程模块主要由开店、采购、推广、运营、财务 5 个部分组成,如图 1-2 所示;辅助工具模块包括店铺管理、员工管理、库存管理、仓库信息查询、站外推广信息、ITMC 商城信息、媒体中标信息、采购中标信息、历轮订单列表、我的订单信息、追加股东投资、物流信息查询、物流线路查询、物流折扣管理、排行榜、企业信息等;经营分析模块包括市场预测图、现金流量表、财务报表、市场占有率、订单汇总统计、已交货订单统计、未交货订单统计、进店关键词分析、驾驶舱、杜邦分析等。

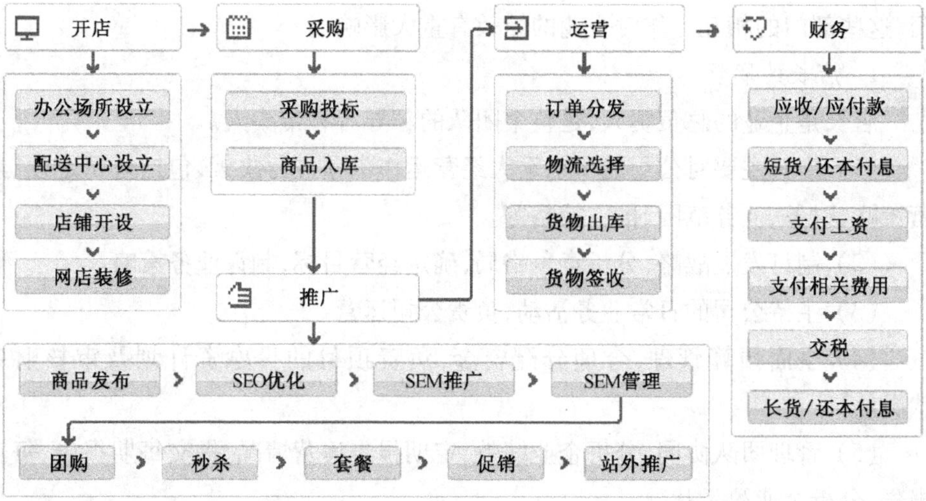

图 1-2　电子商务企业经营流程图

模块四　组建团队

任务一、网店模拟运营企业的组织结构

一个企业组织要保证有执行力，必须做到“事事有人做，事事都做好”。网店模拟运营将企业的组织机构进行了简化，根据日常事务安排，模拟企业相应设置了店长、推广专员、运营主管、财务主管4个岗位，体现了电子商务企业运营活动的主要环节：战略制定、采购管理、营销推广、运营管理、财务管理等，模拟电子商务企业的组织结构如图1-3所示。

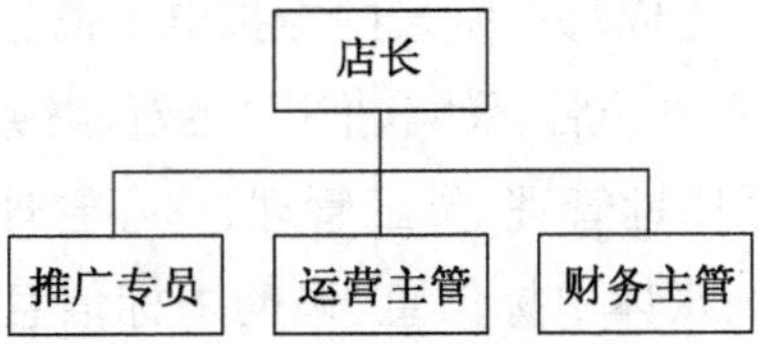

图1-3　模拟电子商务企业的组织结构

任务二、各个角色的岗位职责

模拟企业和真实企业一样，设置了店长、财务部、运营部、推广部等重要部门，这些部门的相互合作对企业的绩效有重大影响。

1. 店长的职责

店长是企业的总负责人，是整个团队的领导者和带头人。

（1）店长主要对公司的一切重大经营运作事项进行决策，包括公司定位、经营策略、财务、业务范围、推广策略等。

（2）制订发展战略，分析竞争格局，确定经营目标，制订业务策略。

（3）主持公司的日常业务活动，负责公司运营。

（4）全面预算管理，合理分配资金，负责项目的投融资计划及审核财务状况。

（5）管理团队协同，分析企业绩效，定期报告运营情况，提交每期报告、每轮报告，分析企业盈亏状况。

注意：在网店模拟运营中店长发挥最大职能，如果所带领的团队在模拟对抗

中意见不一致，则由店长拍板决定。

2．推广专员的职责

只有扩大销售并及时收回货款才能使企业实现盈利，获得生存和发展的机会，实现营业收入是企业生存和发展的关键。

（1）进行市场调查分析，及时掌握市场商品供应变化情况，对相关信息资料进行收集、整理，编制采购计划。

（2）参与制订公司的营销战略，根据营销战略制订公司商品营销组合策略和营销计划，经批准后组织实施。

（3）合理制订引流计划，优化SEO关键词，制订SEM推广策略。

（4）合理制订促销策略、合理投放媒体广告。

（5）定期对市场营销环境、目标、计划、业务活动进行核查分析，及时调整销售策略和计划，制订预防和纠正措施，确保企业已采购商品能够取得匹配的客户订单，完成营销目标和销售计划，在稳定企业现有市场商品销售的情况下，积极拓展新商品销售渠道。

（6）与运营部门沟通按时交货，监督货款的回收，分析销售绩效。

在人员充足的前提下，推广专员可以增加一个助手，即“商业间谍”。商业间谍主要负责市场调研工作，掌握其他企业的经营信息，帮助决策。在电子商务模拟经营过程中，每个团队都可以有意识地安排一名队员监控竞争对手的情况，明确竞争对手的动向，学会如何获取竞争对手的信息，并将信息加工整理反馈给推广专员或店长，从而为制订企业战略提供依据。通过商业间谍岗位模拟设置，学会防范社会竞争中可能存在的商业间谍。

3．运营主管职责

（1）订单分发，将订单进行整理、分类后，根据到达城市，选择适当的配送中心准备出库。

（2）物流选择，将已经指定配送中心的订单进行整理、分类，选择适当的物流方式准备出库，合理选择物流方式并注意物流费用折扣问题。

（3）货物出库，根据订单的到货期限，合理安排商品出库；如果当前配送中心库存不足，应进行库存调拨作业。

（4）对于在订单要求的到货期限之内到达的订单，代替买家签收货物，签收后货款直接到账。

(5) 库存管理,期末或轮末及时清点库存,把货物库存情况及时向推广专员反馈,特别是预售货物的数量。

(6) 对尚未到达买家的订单进行跟踪,把相关数据反馈给财务主管。

4. 财务主管的职责

如果说资金是企业的"血液",那么财务部门就是企业的"心脏"。

(1) 在店长的领导下处理企业核算、监督、管理财务工作,负责对公司的销售经营、资金运行情况进行核算。

(2) 制定和管理税收政策方案。

(3) 组织公司相关部门开展经济活动分析,组织编制公司财务计划、成本计划、支付各项费用,努力降低成本,增加收入,提高效益。

(4) 建立健全公司的财务管理体系,对财务部门的日常管理、年度预算、资金运作进行总体控制。

任务三、组建团队

没有完美的个人,但是可以有完美的团队。每个人都有不同的天赋特质,团队管理者只有了解团队成员的个性特征和行为方式,才能将正确的人放到正确的位置做正确的事,挖掘每个成员的潜能,从而有效地提升员工绩效。同时,团队成员之间通过了解彼此的性格行为特征,才可以认识差异、有效沟通,避免或化解冲突,在互信和互动的基础上团结协作、优势互补,使团队发挥出"1+1+1+1>4"的整体力量,形成高效团队。

1. 组建经营团队

通过学生自荐或教师推荐,有意向当店长的学生上台发布竞选店长演讲,全班投票推选出10位店长。然后各位店长通过宣讲自己的经营思路或经营理念,招兵买马,组建各自的虚拟电子商务公司。至此,一个教学班级的成员分为10组,每个团队一般为4人,这样,教学现场就组成10个互相竞争的模拟企业。每个团队在企业经营开始之前应确定自己企业的名称,用一句话概括自己的企业宗旨和经营理念。

在组建经营管理团队时主要应该注意以下几个方面:

(1) 能力互补。团队是紧密合作的关系,团队成员要信息共享,强调集体绩效。团队成员之间可以通过性别、性格、成绩和行为方式等进行互补。

（2）责任明确。团队的责任强调个人责任，也强调集体责任。团队有总体目标，有明确的分工，每个团队成员并非只是简单地做自己的本职工作，还需要承担集体责任。

（3）目标清晰。团队应该有清晰的目标，这个目标就是团队存在的理由。每个团队成员都需要对这一团队目标做出承诺。

（4）相互信任。每个团队成员应能开诚布公地说出自己的感受，用语言和行动来支持自己的团队，经营中体现公平，既为自己也为别人的利益工作，表现出自己的才能。

2. 角色分工与岗位认知

团队是一个集体，分工明确，效率出色，在处理事务时尽可能达到预期效果。每个经营团队成立后，由本企业的店长发表就职演说。小组内部自行讨论，根据每个人的特点，确定个人扮演的角色及其承担的任务，并按照要求进入各个部门。各个角色对自己的岗位职责建立清晰的认识，根据工作分工和工作现场做位置调整，如表 1-1 所示。

表 1-1　角色分工

企业名称		组别	
团队分工	职务	姓名	主要职责
主要成员	店长		
	推广专员		
	运营主管		
	财务主管		
团队目标			

其中，店长是网店的领头人，要有一定的领导能力，富有主见，善于团结，对团队工作全面负责，能够公平、公正地对待团队中的每一个成员。推广专员要头脑灵活，反应机敏，善于观察，判断力强。财务主管要认真仔细，肯吃苦，工作有条理，积极负责。运营主管要态度认真，勤于动手，做事有条理，善于思考。

企业管理团队组建完成后，企业管理团队将领导公司未来的发展，在变化的市场中进行开拓经营，并应对激烈的市场竞争。企业能否顺利运营下去取决于管理团队是否有做出正确决策的能力。每个团队成员尽可能利用自己的知识和经验做出决策,不要因匆忙行动而陷入混乱。

经过几次完整的模拟操作后,团队成员之间有了更深刻的了解,可以根据成员特点,调整岗位,力求每个人都能各展所长,各尽其才;也可以轮换岗位,体验不同的工作,有利于每个人对不同岗位有所认知,进行个人职业定位。

项目二 网店模拟运营规则

学习目标

1. 掌握经营规则的内容,能正确解读各项规则。
2. 掌握相应岗位规则的内容,理解其具体操作方法。
3. 了解其他岗位规则的内容和操作方法。

正所谓“没有规矩,不成方圆”。企业网店运营不仅要严格遵守国家和地方的各项法规及行政管理规定,还要遵守行业内的各种约定,在政策规定的范围内合法经营。网店模拟运营活动也要在一定的规则下进行,各模拟企业要严格按照相应规则进行操作,诚信经营,这样才能在竞争中获得良好的发展。我们只有学习和掌握规则,运用规则进行企业经营的具体操作,才能有利于制订理性的经营策略,提高应对企业经营风险的能力,从而有序地开展企业经营活动。创新规则的学习是枯燥的,但也是必要的,只有懂得规则,才能游刃有余。

模块一 开店规则

任务一、办公场所选择规则

办公场所的设立包括选择办公城市、选择办公场所类型和招贤纳士三部分,运营主管只能设立一个办公场所,根据不同城市的城市影响力、租金差、工资差等信息选择合适的办公城市;根据办公场所的容纳人数、租赁价格、维修费用等信息选择合适的办公场所;根据员工的业务能力、工资增长率及基本工资等信息选择合适的人员。

1．办公城市的选择

选择办公城市需要考虑以下因素：

$$每期办公室租金 = 租赁价格 \times (1 + 租金差)$$

其中，租金差是指不同城市之间租金的差别百分比。

$$每期人员工资 = 基本工资 \times (1 + 工资差) \times (1 + 工资增长率)$$

其中，工资差是指城市之间的工资差别百分比。

2．办公场所类型的选择

办公场所分为两类，一类是普通型办公室，面积 50 m^2，容纳 10 人，租赁价格 60 万元，维修费用 3 万元，管理费用 0，搬迁费用 2 万元（从一个城市搬迁到另一个城市所需花费的费用）；另一类是豪华型办公室，面积 150 m^2，容纳 20 人，租赁价格 100 万元，维修费用 5 万元，管理费用 0，搬迁费用 10 万元。

运营主管根据经营需求可以改变办公场所类型即改建，若普通办公室改建为豪华办公室需要支付租金差额，若豪华办公室改建为普通办公室则不退还租金差额。也可以在不同城市之间进行搬迁办公室，搬迁时需要支付搬迁费用，不同的办公室所需搬迁费用不同，若搬迁至租金高的城市则需补充相应差价，反之，搬迁至租金低的城市不退还差价。表 2-1 列出了一些城市办公场所的相关数据。

表 2-1　办公场所相关数据

城市	工资差	租金差	城市品牌影响	支持邮寄
北京	30%	60%	6	不限制
天津	30%	40%	4	不限制
石家庄	20%	20%	2	不限制
西安	10%	20%	2	不限制
郑州	20%	20%	2	不限制
上海	40%	60%	6	不限制
南京	30%	50%	4	不限制
南昌	10%	20%	2	不限制
长沙	20%	20%	2	不限制
广州	40%	60%	6	不限制

3. 招贤纳士

办公城市及办公场所类型确定后,运营主管就可以根据企业经营策略及办公室类型确定招聘员工的职称和数量,选择想要的员工。员工具体参数指标如表 2-2 所示。

表 2-2　员工具体参数指标

职称	业务能力	工资增长率	基本工资/(万元·期$^{-1}$)
初级经理	1	10%	5
中级经理	3		10
高级经理	5		15

注意:

① 员工的业务能力关系到企业综合评价指数的计算。

② 员工的经验值关系到企业综合评价指数的计算,员工经验值每期增加 1。

③ 城市影响力关系到企业综合评价指数的计算。

④ 办公室只能在全国范围内建立一个。

任务二、配送中心设置规则

运营主管可根据市场需求及不同城市的租金差、物流运费、工资差、是否支持邮寄等信息选择合适的城市设立配送中心,并设置配送区域。配送中心包括租赁、改建、搬迁、退租、设配区等功能。

注意:每个城市只能建立一个配送中心。

(1) 租赁:根据体积、租赁价格、维修费用、管理费用及搬迁费用选择合适的配送中心。

(2) 改建:根据经营需求可以进行配送中心改建。改建时,若是将体积小的改为体积大的,则补充租金差价;若是将体积大的改为体积小的,则不退还租金差价。

(3) 搬迁:根据经营需求可以改变配送中心所在的城市。搬迁需要支付一定的搬迁费用,若搬迁至租金高的城市,则需要补充相应的差价;若搬迁至租金低的城市,则不退还差价,搬迁时仓库必须空置。

(4) 退租:把闲置的仓库退租,若不退租,则到期后系统默认续租。退租时,仓库必须空置,若在每期期中退租,则需支付整期人员工资。

(5) 设配区:为每个配送中心设置默认的配送区域及默认的物流公司。若多个配送中心选择的默认配送区域里包含若干相同的城市,则在这些城市中按照租赁配送中心先后的顺序选择默认的配送中心。

(6) 租金与工资:

$$每期配送中心租金 = 租赁价格 \times (1 + 租金差) \times 1$$

$$每期人员工资 = 基本工资 \times (1 + 工资差) \times 1$$

其中,仓库管理员基本工资4万元/期,配送员基本工资5万元/期。

任务三、网店开设规则

运营主管根据企业经营需求开设C店或筹建B店。C店:相当于淘宝店,主要操作包括添加店铺名称、经营宗旨及描述,C店不可以进行站外媒体推广。B店:相当于天猫店,主要操作包括添加店铺名称、经营宗旨及描述,筹备周期需要4期,每期费用为60万元,B店可以进行站外媒体推广,从而获得品牌人群客户订单。

运营主管可以根据实际经营需要选择开设或关闭店铺。

任务四、网店装修规则

网店装修分为简装修、普通装修及精装修,不同的装修标准所用的装修费用及获得的视觉值不同。店铺的视觉值每期都会下降,视觉值的高低主要影响综合人群的成交量,若需提升店铺的视觉值可以对店铺进行适当装修,店长可以根据实际经营需要对C店、B店进行装修模板选择。

模块二　采购规则

任务一、采购投标规则

运营主管根据数据魔方的市场需求数据,选择合适类目的商品进行经营,根据供应商提供商品的促销方式、数量体积和价格,制订采购投标方案,通过公开竞标的方式获得该种商品。在制订采购投标方案时,需要确定合适的采购城市,中标后的商品必须入库该城市的配送中心,如果入库其他城市的配送中心,则需要先入库该城市的配送中心后再进行调拨。

采购中标规则:系统自动评判中标店铺。采购竞标时,同一种商品按照单位价格出价的高低依次进行交易;如果竞标价格相同,则与供应商的关系值高的优先成交;如果竞标价格相同与供应商的关系值也相同,则媒体影响力高的优先成交;如果还相同,则继续比较社会慈善、销售额、投标提交的先后顺序来依次交易。

注意:每次采购成功一个订单,供应商关系值加 1。社会慈善为慈善活动捐助的金额,增加慈善金额可以提升企业综合指数。

同种商品一次性采购数量和信誉度都达到卖家要求的促销方式,可以享受价格和账期上的优惠,如表 2-3 所示。

表 2-3 某次经营第一轮第一期市场供应信息

公司	商品	促销方式	数量/件	单位体积	最低价格/(元·件$^{-1}$)
黄金电子城	电风扇	数量:大于 100,信誉度:大于 100,享受账期:0,享受折扣:0.9	450	5	5
时尚服装厂	棉衣	数量:大于 300,信誉度:大于 200,享受账期:0,享受折扣:0.6	900	3	2
中意家具城	办公家具	数量:大于 200,信誉度:大于 200,享受账期:0,享受折扣:0.8	450	10	5
周大福珠宝商	天然珍珠	数量:大于 150,信誉度:大于 150,享受账期:0,享受折扣:0.85	180	2	10

注:① 企业信誉度 = 1 × 履约订单数 - 4 × 违约订单数(未发货) - 3 × 违约订单数(已发货,超过订单要求到货期限)。

② 本部分的市场数据是基于模拟系统的抽象数据,具体数据以实际经营数据为准(部分数据单位省略不写)。

任务二、商品入库

运营主管将采购投标成功的商品执行入库操作。只有在有配送中心的城市并且配送中心的体积大于入库商品的体积时才可以进行商品入库,若配送中心的体积小于入库商品的体积,配送中心需要先行扩建,然后才可以进行商品入库。凡是采购到的商品必须全部入库,如果店铺采购方案未中标,则可以跳过入库操作。

模块三　推广规则

任务一、商品发布规则

推广专员在开设的店铺中发布计划销售的商品，填写商品基本信息、商品物流信息及售后保障信息。

若发布商品时，设置的是卖家承担运费，则商品价格 = 商品一口价；若商品价格大于市场平均价格 ×（1 + 不同人群价格浮动率），则为违规价格，违规价格系统不提示，但不能成交。若发布商品时，设置的是买家承担运费，则商品价格 =（商品一口价 × 购买数量 + 总物流运费）/购买数量，若商品价格大于市场平均价格 ×（1 + 不同人群价格浮动率），则为违规价格。不同人群（综合人群、低价人群、品牌人群、犹豫不定人群）的价格浮动率在期初教师端设置，具体价格浮动率如表 2-4 所示。

表 2-4　不同人群的价格浮动率

需求人群	综合人群	低价人群	品牌人群	犹豫不定人群
价格浮动率	上浮 0.2	上浮 0.1	上浮 0.2	上浮 0.1

1. 商品上、下架

商品必须上架后才可以进行销售。

商品发布数量 = 库存数量 + 预售数量

系统允许商品的预售，但是预售数量不能超过 20 件，若产生交易，必须按照买家要求的到货期限交货，否则将承担违约责任。

2. 物流信息

发布商品时，无论设为卖家承担运费还是买家承担运费，卖家都要按照实际物流信息（辅助工具菜单下面可以查询物流信息）支付物流公司实际运费。

发布商品时，卖家可以选择设置卖家承担运费或买家承担运费。买家承担运费时，卖家可以创建运费模板或直接输入各种物流方式的物流运费，买家会根据其选定的物流方式将商品一口价和总物流运费一起支付给卖家。卖家可以采用任意物流方式运输（只要在买家规定的时间内到达，否则将承担退单的违约责任），配送完成后由卖家支付物流公司的实际运费。卖家承担运费时，买家只需将商品一口价支付给卖家，配送完成后由卖家支付物流公司的实际运费。

创建运费模板时，卖家可分别设置各种物流方式的默认运费及每超过一件需要增加的运费，每超过一件需要增加的运费不能高于默认运费的 0.5 倍且默认运费最高不能超过 10 元。如果不创建模板，直接输入各种物流方式的物流运费时，此物流运费为整单(若干件)的物流运费，运费最高不能超过 10 元。

3. 售后保障信息

保修会产生售后服务费用(每件商品的售后服务费用为 1 万元，确认交货后的下一期开始交纳售后服务费，连续交纳三期)，会影响对保修有要求的人群的成交和商品绩效。

任务二、SEO 优化规则

SEO 优化即搜索引擎优化，是指通过优化标题关键词尽可能匹配买方的搜索习惯，在买方搜索某个关键词时，展示与该关键词相关的商品，并取得靠前的排名。

每个商品最多有 7 个关键词，每个关键词分别用"；"隔开，如果所设关键词超过 7 个，则保存前 7 个，每个关键词字数不能超过 10 个字，且需大于等于 2 个字。

注意：这里设置的关键词是自然流量的关键。

SEO 商品排名得分 = SEO 关键词排名得分 ×0.4 + 商品绩效得分 ×0.06

SEO 商品排名得升高者排名列前。SEO 关键词排名得分为"0"，则视为卖方设置的标题关键词与买方搜索的词不匹配，不能参加 SEO 排名。

1. SEO 关键词排名

SEO 关键词排名得分 = 关键词搜索相关性(数据魔方提供) × SEO 关键词匹配方式得分

SEO 关键词匹配方式分为完全匹配、高度匹配和部分匹配。只有当买方搜索的词与卖方设置的标题关键词完全相同时称为完全匹配；当买方搜索的词是卖方设置的标题关键词的子集时称为高度匹配；当买方搜索的词与卖方设置的标题关键词的文字部分匹配时称为部分匹配。

当 SEO 关键词匹配方式为完全匹配时,SEO 关键词匹配方式得分为 1;当 SEO 关键词匹配方式为高度匹配时,SEO 关键词匹配方式得分为 0.5;当 SEO 关键词匹配方式为部分匹配时,SEO 关键词匹配方式得分为 0.2。

2. 商品绩效

商品绩效得分 = 商品点击率得分 + 商品点击量得分 + 商品转化率得分 + 商品转化量得分 + 商品退单率得分 + 保修得分

各项得分如表 2-5 所示。

表 2-5 商品绩效得分

项目	内容	得分
商品点击率得分	商品点击率≥商品平均点击率	20
	商品点击率<商品平均点击率	(商品点击率/商品平均点击率)×20
商品点击量得分	商品点击量≥商品平均点击量	10
	商品点击量<商品平均点击量	(商品点击量/商品平均点击量)×10
商品转换率得分	商品转换率≥商品平均转换率	20
	商品转换率<商品平均转换率	(商品转换率/商品平均转换率)×20
商品转换量得分	商品转换量≥商品平均转换量	10
	商品转换量<商品平均转换量	(商品转换量/商品平均转换量)×10
商品退单率得分	商品退单率	(1-商品退单率)×30
保修得分	提供	10
	不提供	0

基于某关键词的模拟买家的一次搜索,假设 N 为组数,SEO 商品排名得分前 $0.6\times N$ 名的卖家的商品会被展现,数据魔方中该关键词的展现量会加 $0.6\times N$(不足 $0.6\times N$ 家时加实际家数),前 $0.6\times N$ 名卖家的商品的展现量各加 1;SEO 商品排名得分前 $0.4\times N$ 的卖家的商品会被点击,数据魔方中该关键词的点击量加 $0.4\times N$(不足 $0.4\times N$ 家时加实际家数),前 $0.4\times N$ 名卖家的商品的点击量各加 1。模拟买家按照本次模拟搜索代表人群(4 类人群中的一种)的成交条件与 SEO 商品排名进入前 $0.4\times N$ 名的卖家进行撮合交易,如果有符合条件的会有一个订单成交。数据魔方中该关键词的转化量加 1,该卖家商品的转化量加 1。

3. 相关名词解释

商品展现量：该商品被展现的次数。

商品点击量：该商品被点击的次数。

商品点击率：商品点击量/商品展现量。

商品转化量：该商品最终的成交订单数量。

商品转化率：商品转化量/商品点击量。

商品退单量：该商品累计退单的数量。

商品退单率：商品退单量/商品成交量（单数）。

商品绩效：与该商品的点击率、点击量、转化率、转化量、退单率、售后相关。

商品平均点击率：该商品在所有卖家点击量之和/该商品在所有卖家展现量之和。

任务三、SEM 推广规则

搜索引擎推广（SEM）是指通过对自己所销售商品相关的关键词出具一定的竞价价格，在买方搜索其中某个关键词时，展示与该关键词相关的商品，并取得靠前的搜索排名。

卖家在进行推广时需要制订推广计划，推广计划包含每期推广限额，每个卖家最多可以制订 4 个推广计划，每个推广计划可以添加多个商品（如果把推广计划看作分组的话，那么添加商品就像是添加小组成员），如果 SEM 推广账户余额为“0”，则无法进行 SEM 推广，必须先充值才能进行 SEM 推广。

1. SEM 商品排名

SEM 商品排名得分 = 质量分 × 竞价价格

质量分 = 关键词搜索相关性（数据魔方提供）×0.4 + 商品绩效 ×0.06

其中，竞价价格是为使商品取得靠前的排名而为某关键词所出的一次点击的价格。

SEM 关键词匹配方式分为精确匹配、中心匹配和广泛匹配。

精确匹配只有当买方搜索的词与卖方投放的关键词完全相同时才能被搜索到；中心匹配即当买方搜索的词是卖方投放的关键词的子集时也能被搜索到；广泛匹配即当买方搜索的词与卖方投放的关键词有一部分相同即可被搜索到。

基于某关键词的模拟买家的一次搜索，假设 N 为组数，SEM 商品排名得分前 $0.4\times N$ 名的卖家的商品会被展现，数据魔方中该关键词的展现量加 $0.4\times N$（不足 $0.4\times N$ 家时加实际家数）卖家的商品的展现量各加 1；SEM 商品排名得分前 $0.3\times N$ 名的卖家的该关键词的点击量加 $0.3\times N$（不足 $0.3\times N$ 家时加实际家数），卖家商品的点击量各加 1；模拟买家按照本次模拟搜索代表人群（4 类人群的一种）的成交条件与 SEM 商品排名进入前 $0.3\times N$ 名的卖家进行撮合交易，如果符合条件即有一个订单成交，数据魔方中该关键词的转换量加 1，该卖家的商品的转换量加 1。

2. 商品绩效

SEM 商品绩效得分与 SEO 商品绩效得分公式相同。

商品绩效得分 = 商品点击率得分 + 商品点击量得分 + 商品转化率得分 + 商品转化量得分 + 商品退单率得分 + 保修得分

任务四、SEM 管理规则

根据推广计划，针对每种商品可以设计不同的推广组，每个推广组可以根据关键词制订相对应的出价策略。

每个推广计划包含若干推广组，每个推广组对应一个商品，同样每个商品也只对应一个推广组，所以针对同一个商品的不同关键词设定不同的竞价价格可以更好地达到 SEM 推广效果。每种商品所选关键词数最多为 50 个。

卖家实际为某个 SEM 关键词的一次点击所付的费用 = 该关键词排名下一名的竞价价格 ×（下一名的质量得分/该关键词的质量得分）+0.01

各组 SEM 关键词出价不得低于 SEM 关键词最低出价。SEM 关键词最低出价 = 管理推广关键词中淘词项里的各项数值的综合考量。

任务五、团购规则

根据经营需求，卖家组织针对某种商品的团购活动，用来吸引犹豫不定人群的购买需求，增加店铺人气和商品人气。

团购价格 = 商品价格 × 团购折扣

享受折扣额按照卖家填写折扣数值享受，如八折就填“8”。

收益：获得商品人气 2、店铺人气 2。

对象:适用于犹豫不定人群。

注意:团购最高件数为 20,最少件数为 10,一个商品只能发布一次。

任务六、秒杀规则

根据经营需求,卖家发布若干件折扣为五折的商品,用来吸引买家抢购,迅速增加店铺人气和商品人气。

$$秒杀价格 = 商品价格 \times 50\%$$

收益:获得商品人气 4、店铺人气 4。

对象:适用于所有人群。

任务七、套餐规则

根据经营需求,卖家对多种商品进行组合搭配销售,用来吸引买家抢购,增加店铺人气和商品人气。

套餐可组合多种商品搭配出售,套餐价格为套餐内所有商品的单价的总和。套餐内商品的单价由卖家制定,但是套餐内除引流的商品外,其余套餐内商品价格不能高于当地商品一口价,也就是:

引流的商品一口价 + 物流运费 > 套餐内引流商品单价 + 套餐物流运费

例如:卖家正常购买 A 商品一口价为 5,物流运费为 2,卖家提供套餐为商品 A 单价是 4,商品 B 单价 3,套餐物流运费为 2。某买家欲购买商品 A,则商品 A 为引流商品。判定 1:买家正常购买一件商品 A 总共花费 5 + 2 = 7,购买卖家提供的套餐商品 A 花费 4 + 2 = 6;如果 7 > 6,则判定 1 成功;否则判定 1 失败,买家放弃购买套餐。判定 2:判定 1 成功后,再判定 B 产品是否低于当地商品一口价,如果高于当地商品一口价,则判定 2 失败,买家放弃购买套餐;否则判定 2 成功,买家购买套餐。

套餐数量未设定预售上限,不受库存数量限制。

套餐商品只生成一个订单。

收益:获得店铺人气 2、商品人气 2。

对象:适用于所有人群。

任务八、促销规则

根据经营需求,卖家对某种或某几种商品进行满就送促销、多买折扣促销和买第几件折扣促销，用来吸引买家抢购，增加店铺人气和商品人气。

收益：获得店铺人气2、商品人气2。

对象：所有购买人群。

1. 满就送促销

正常购买（订单类型分为正常购买、秒杀、团购和套餐4种类型）时的成交总金额达到设定的金额，就可以享受返现金的优惠活动。

卖家可以根据经营需求设定活动范围，选择参加活动的商品。

当正常购买的成交总金额大于等于设定的金额时，

成交总金额 = 商品价格 × 商品件数 − 总优惠额

= 商品一口价 × 商品件数 + 正常购买时总物流运费 − 总优惠额

例如：商品一口价5，商品件数4，总物流运费4，满20送3。此时，$5\times4+4>20$，所以成交总金额为$5\times4+4-3=21$。

2. 多买折扣促销

顾客一次性正常购买数量达到设定数量，促销后成交总金额全部按折扣后金额付款。

享受折扣额按照卖家填写折扣数值享受，比如八折，就填“8”。

成交总金额 = 商品价格 × 商品件数 × 折扣数值 × 0.1

=（商品一口价 × 商品件数 + 正常购买时总物流运费）× 折扣数值 × 0.1

例如：商品一口价5，商品件数4，总物流运费4，买4件8折。此时，成交总金额为$(5\times4+4)\times8\times0.1=19.2$。

3. 买第几件折扣促销

设定一个第几件折扣数，当购买的商品数量达到这个数量时，本件商品即享受优惠折扣，下一件商品再重新计数，以此类推。

折扣额直接填写折扣数，如八折就填“8”。

成交总金额 = 商品价格 × 商品件数 − 单个优惠金额 × 优惠商品数量

单个优惠金额 = 商品价格 ×（1 − 折扣数值 × 0.1）

优惠商品数量 =（商品件数/第几件折扣数）向下取整

例如：商品一口价5，商品件数4，总运费4，第三件5折。

成交总金额 = 商品价格 × 商品件数 - 单个优惠金额 × 优惠商品数量
= 商品价格 × 商品件数 - 商品价格 ×(1 - 折扣数值 ×0.1) ×(商品件数/第几件折扣数)向下取整
= 商品价格 ×[商品件数 - 1 ×(1 - 折扣数值 ×0.1) ×(商品件数/第几件折扣数)向下取整]
= [(商品一口价 × 商品件数 + 正常购买时总物流运费)/商品件数] ×[商品件数 - 1 ×(1 - 折扣数值 ×0.1) ×(商品件数/第几件折扣数)向下取整]
= (商品一口价 × 商品件数 + 正常购买时总物流运费)[1 -(1 - 折扣数值 ×0.1)/商品件数 ×(商品件数/第几件折扣数)向下取整)]
= (5 ×4 +4)[1 -(1 -5 ×0.1)/4 ×(4/3)向下取整)]
= 21

任务九、站外推广规则

根据公司经营需求，卖家可以在已经筹建完成的 B 店内发布的商品，选择央视、网络广告联盟和百度三种媒体中的一种或多种进行推广，用来吸引品牌人群的购买需求，增加店铺人气和商品人气。媒体基本信息如表 2-6 所示。成交顺序：品牌人群→低价人群→综合评价人群→犹豫不定人群。

表 2-6　媒体基本信息

媒体	媒体时段	影响力	得到关系值	最低投放额度
百度	排名第一	20	5	5
百度	排名第二	18	9	5
百度	排名第三	15	8	5
百度	排名第四	13	7	5
百度	排名第五	11	6	5
百度	排名第六	10	5	5
百度	排名第七	9	4	5
百度	排名第八	7	3	5

续表

媒体	媒体时段	影响力	得到关系值	最低投放额度
百度	排名第九	6	3	5
百度	排名第十	5	3	5
网络广告联盟	微博	7	4	5
网络广告联盟	微信	8	4	5
网络广告联盟	论坛	6	4	5
央视	黄金时段	40	2	5
央视	午间时段	12	10	5
央视	晚间时段	6	8	5
单期合计		193	85	

注:媒体影响力是指一种商品在某个媒体的影响下所获得该媒体的影响力。

模块四　运营规则

任务一、订单分发规则

卖家将订单进行整理、分类后,根据到达城市,选择适当的配送中心准备出库。订单分为手动分发和自动分发两种,手动分发需要卖家为每张订单选择货物出库的配送中心;自动分发则按照订单的顺序,根据配送中心已设定好的配送范围内的城市,自动选择货物出库的配送中心。自动分发可以选择全部自动分发或者分批自动分发。

任务二、物流选择规则

卖家将已经指定配送中心的订单进行整理、分类,选择适当的物流方式准备出库。

物流运输方式有快递、EMS 和平邮三种。若选择快递,则运输周期为 1 期,即当期到货;若选择 EMS,则运输周期为 2 期,即本期发货,下期到达;若选择平邮,则运输周期为 3 期,即本期发货,隔一期到达。

物流方式选择分为手动安排和自动安排两种,手动安排需要卖家为每个订单手动选择运输货物的物流方式，自动安排按照配送中心已设定好的物流方式自动安排物流方式，自动安排可以选择全部自动安排或者分批自动安排。

选择同种物流方式，达到一定数量和金额，可以享受优惠。

任务三、货物出库规则

根据订单的到货期限，合理安排商品出库。

卖家按照物流路线信息自动支付物流公司实际运费。

如果当前配送中心库存不足，可以进行库存调拨。

任务四、货物签收规则

根据不同物流方式的运输周期，在订单要求的到货期限之内到达的订单，买家会直接签收，签收后货款直接到账。

以三种物流方式配送的订单，货款均在签收后直接到账。如果未在订单要求到货期限之前到货，买家将拒绝签收并退货，物流运费由卖方承担，同时影响卖家的信誉度和商品评价；如果在买家要求的到货期限满后仍未发货，对卖家的信誉度和商品评价造成的影响更大。

模块五　其他规则

任务一、财务规则

1. 应收/应付款

更新应收或者应付账款账期，接收或者支付本期到期的应收账款和应付账款。

2. 短贷/还本付息

更新短期贷款账期或者还本付息和获得新的贷款。

（1）更新短期贷款账期：企业的短期贷款在每执行一次本项任务后贷款账期缩短一期。

（2）还本付息：如果到期后，需要归还本金，并支付全部利息。例如，短贷100，到期时，需要支付 $100 \times 5\% = 5$ 的利息，因此，需要支付本金与利息共计105。

（3）获得新贷款：短期贷款在每一期可以随时申请。可以申请的最高额度为：上一轮所有者权益×2－已有短期贷款额。民间融资与短期贷款的规则类似，只是贷款的利率不同。

无论短期贷款还是民间融资均以100为最低基本贷款单位。短期贷款及民间融资贷款期限为2期。每期内可以随时进行贷款，但是每期初如果有到期需要归还的贷款，必须先还款然后再贷，详见表2-7融资规则表。

表2-7　融资规则表

融资方式	规定贷款时间	贷款额度	还贷规定	利率
短期贷款	每期任何时间	上轮所有者权益的2倍－已贷短期贷款	到期一次还本付息	5%
民间融资	每期任何时间	上轮所有者权益的2倍－已贷民间融资	到期一次还本付息	15%

3．支付工资

按期支付员工的工资。

不同城市的工资差不同，员工的工资也不同。

$$员工工资=基本工资\times(1+工资差)\times(1+工资增长率)$$

4．支付相关费用

应按期支付相应的租赁费、维修费、售后服务费、库存管理费和行政管理费。

办公场所相关费用见表2-8，配送中心相关费用见表2-9。

表2-8　办公场所相关费用

元/期

办公室类型	租赁费	行政管理费	维修费
普通办公室	10	2	3
豪华办公室	30	2	5

表2-9　配送中心相关费用

元/期

配送中心类型	租赁费	维修费	搬迁费
小型配送中心	10	2	1
中型配送中心	15	3	1

续表

配送中心类型	租赁费	维修费	搬迁费
大型配送中心	25	5	4
超级小型配送中心	60	8	7
超级中型配送中心	120	16	14
超级大型配送中心	240	32	28

5. 交税

企业所得税的税率为25%。在计算企业所得税前，税前利润需先弥补前5轮的亏损，然后根据税前利润乘以25%交纳。

增值税的税率为17%。

$$应纳税额 = (销项 - 进项) \times 17\%$$

$$城建税 = 增值税 \times 7\%(取整)$$

$$教育附加税 = 增值税 \times 3\%(取整)$$

6. 长贷/还本付息

更新长期贷款账期、支付利息/还本付息和获得新的贷款。如果企业有长期贷款，则本任务每轮末执行一次，还贷账期缩短一轮。长期贷款的还款规则是每轮付息，到期还本付息，利率为10%。长期贷款只有在轮末可以申请。额度为：上一轮所有者权益×2－已有长期贷款。长期贷款以100为基本贷款单位。贷款期限为3轮。如果有到期的长期贷款，必须先还款后才能再次贷款。

7. 关账

每轮经营结束，轮末进行关账，系统自动提供“利润表”和“资产负债表”。系统会根据得分规则自动计算当轮每组的得分。系统内所有计算均遵循四舍五入原则，并保留小数点后两位。

任务二、人群成交规则

媒体影响力：是指一种商品在某个媒体的影响下所获得该媒体影响力。

综合评价指数：是衡量卖家综合实力的标准，其与企业信誉度、店铺人气、媒体影响力、社会慈善、店铺视觉值、B店开设情况、办公场所所在城市影响力、员工经验值、员工业务能力相关。

综合评价指数 = 卖家企业信誉度/整个市场总企业信誉度 ×140 +
卖家店铺总人气/整个市场店铺总人气 ×60 +
卖家企业总的媒体影响力/整个市场总媒体影响力 ×100 +
卖家社会慈善/整个市场社会总慈善 ×100 +
卖家店铺视觉值/整个市场店铺总视觉值 ×100 +
卖家 B 店开设情况(完成为 20,未完成为 0) +
卖家办公场所所在城市影响力 + 卖家员工经验值 +
卖家员工业务能力

1. 品牌人群成交规则

通过媒体影响力、商品一口价、商品评价及城市影响力计算出品牌人群成交指数,根据买家对物流方式、发票和售后服务的要求确定具备成交资格的卖家,从而计算出每个具备成交资格的卖家的品牌人群成交百分比(即卖家在订单交易过程中获得订单的概率),系统根据品牌人群成交百分比确定成交卖家。

品牌人群成交指数 =(媒体影响力/市场总媒体影响力) ×60 +
商品均价/(商品一口价 + 商品均价) ×10 +
商品评价/符合要求的卖家商品评价 ×20 +
城市影响力/符合要求的卖家城市影响力 ×10

品牌人群成交百分比 = 品牌人群成交指数/符合要求的品牌人群成交指数之和

卖家若想具备成交资格,卖家商品必须做站外推广,卖家商品必须为 B 店的商品、卖家企业信誉度不能为负数、卖家必须支持买家对物流方式和售后服务的要求;有概率为 15% 的顾客需要售后服务。

商品评价 = 所有订单商品评价之和/订单总数量

(每张订单正常交货 5,发货拒收违约 4,未发货违约 3)

城市影响力:在该城市每交货一次城市影响力加 1。

2. 低价人群成交规则

根据买家对物流方式和售后服务的要求确定具备成交资格的卖家,再根据商品价格最低顺序决定成交的卖家,若商品价格相同,则买家继续按照以下顺序依次判断是否成交:

① 媒体影响力最高。

② 综合评价指数最高。

③ 店铺视觉值最高。

④ 店铺总媒体影响力最高。

⑤ 社会慈善最高。

⑥ 店铺总人气最高。

卖家若想具备成交资格，必须支持买家对物流方式和售后服务的要求。有概率为15%的顾客需要售后服务。

3. 综合人群成交规则

通过综合评价指标、商品一口价、商品评价及城市影响力计算出综合人群成交指数，根据买家对物流方式和售后服务的要求确定具备成交资格的卖家，从而计算出每个具备成交资格的卖家的综合人群成交百分比（即卖家在订单交易过程中获得订单的概率），系统再根据综合人群成交百分比确定成交的卖家。

综合人群成交指数=（综合评价指数/整个市场综合评价指数之和）×60+商品均价/（商品一口价+商品均价）×10+商品评价/符合要求的卖家商品评价之和×20+城市影响力/符合要求的卖家城市影响力之和×10

综合人群成交百分比=综合人群成交指数/符合要求的综合人群成交指数之和

卖家若想具备成交资格，卖家企业信誉度不能为负数、必须支持买家对物流方式、售后服务的要求。有概率为15%的顾客需要售后服务。

4. 犹豫不定人群成交规则

犹豫不定人群分团购、秒杀和促销三部分需求，按团购、秒杀、促销的顺序独立判断成交的卖家。

卖家成交条件：

① 组织相应团购、秒杀和促销活动；

② 促销后优惠额度最大的优先成交。

团购：犹豫不定的人群有50%的概率会参与团购活动，参与团购的买家会自动选择团购价格最低的参团，系统根据是否达到最少成团数量判断是否成团。若成团，则确定买卖双方交易完成。

只要有买家参团，无论最后是否成团，卖家的店铺人气和商品人气都会加1。

若成交，则店铺人气和商品人气都会加2。

秒杀：没有参与团购的犹豫不定的人群有50%的概率会参与秒杀活动，参与秒杀的买家会自动选择秒杀价格最低的店铺进行交易。

若秒杀交易达成，则卖家店铺人气和商品人气都会加4。

促销：没有参与团购和秒杀的犹豫不定人群必定会参与三种促销中的一种，并选择优惠后价格最低的促销方式完成交易。

若团购价格或者秒杀价格或者促销优惠额度相同，则买家继续按照以下顺序依次判断是否成交：

① 媒体影响力最高。

② 综合评价指数最高。

③ 店铺视觉值最高。

④ 店铺总媒体影响力最高。

⑤ 社会慈善最高。

⑥ 店铺总人气最高。

若促销交易达成，则卖家店铺人气和商品人气都会加2。

卖家若想具备犹豫不定人群的成交资格，必须支持买家对物流方式的要求。

任务三、得分规则

每轮经营结束后，系统自动计算每个卖家的得分。

得分 = (1 + 总分/100) × 所有者权益合计 × 追加股东投资比例

总分为表2-10中各项之和。

表2-10　总分的构成项目

项目	总分
未借民间融资	+20
开设B店	+100
营业成本分摊得分	+(1 - 营业成本/营业收入) ×100
综合费用分摊得分	+[1 -(销售费用 + 管理费用)/营业收入] ×100
资金周转率得分	+营业收入/资产总计 ×100
净利润率得分	+净利润/营业收入 ×100

续表

项目	总分
资产报酬率(ROA)得分	+利润总额/资产总计×100
权益报酬率(ROE)得分	+净利润/所有者权益合计×100
资金流动性得分： 速动比(QR)=(货币资金+应收账款)/(短期借款+应付账款+应交税费) 流动比(CR)=流动资产合计/(短期借款+应付账款+应交税费)	$CR<1$ and $QR<0.5$　资金流动性差　-10 $1.5<CR<2$ and $0.75<QR<1$　资金流动性一般　+50 $CR\geqslant 2$ and $QR\geqslant 1$　资金流动性好　+100 其他比例均是0分
资产负债率得分	+(1-负债合计/资产总计)×100

任务四、破产规则

在网店模拟运营过程中，若所持有的现金不足以支付必须要支付的款项，造成现金断流，则网店宣告破产。

项目三　网店模拟运营操作

学习目标

1. 熟悉网店经营各个环节的具体操作。
2. 理解各项工作的意义。
3. 学会操作模拟网店运营的软件。
4. 学会财务报表的制作。

网店模拟运营应当严格遵守运营规则，按一定的流程进行。为了经营好网店，店长应当做好预测、决策、预算、计划等工作，应当在每轮运营结束后，下轮运营之前进行，做好规划使经营活动有序进行，防止出现意外情况。控制主要是在运营过程中，根据运营流程和事先的计划进行销售运作。核算是在运营结束后对当轮的经营情况进行盘点，编制各种报表，反映当轮的运营情况和财务状况。分析主要是在经营结束后，根据核实的结果与预算进行比较，找出差异，并对差异进行分析，以便以后更好地开展工作。

模块一　运营流程

在熟悉运营规则之后，新组建的团队在店长的带领下准备创建网店，在网店模拟运营系统中，网店运营是按照任务清单顺序开展工作的。任务清单代表了网店运营中简化的工作流程，也是企业模拟竞争中各项工作需要严格遵守的顺序。整个模拟活动操作流程如表 3-1 所示。

表 3-1 网店模拟运营操作汇总

序号	经营项目	操作要点	财务处理
轮初	轮初规划会议	店长召集团队举行轮度规划会议	
	数据魔方分析	分析商品市场需求数据	
1	办公场所设立	办公城市、办公室类型选择、员工招聘	计入管理费用
2	配送中心设立	配送中心城市、类型选择与租赁、员工招聘	计入管理费用
3	店铺开设	C 店开设、B 店筹建	计入管理费用
4	网店装修	网店装修模板选择	计入管理费用
5	采购投标	商品采购	支付现金
6	商品入库	商品入库	
7	商品发布	填写商品基本信息、商品物流信息及售后保障信息、发布商品	
8	SEO 优化	搜索引擎优化、优化标题关键词，每个商品最多 7 个关键词	
9	SEM 推广	搜索引擎推广，设置所销售商品相关关键词的竞价价格	计入销售费用
10	SEM 管理	根据推广计划，针对每种商品可以设计不同的推广组	
11	团购	设置某种商品的团购活动	
12	秒杀	设置某种商品的秒杀活动	
13	套餐	设置某种商品的套餐活动	
14	促销	设置某种商品的促销活动	
15	站外推广	选择央视 、网络广告联盟、百度三种媒体中的一种或多种进行推广	计入销售费用
16	订单分发	将订单进行整理、分类后，根据到达城市，选择适当的配送中心准备出库	
17	物流选择	将已经指定配送中心的订单进行整理、分类，选择适当的物流方式准备出库	
18	货物出库	根据订单的到货期限，合理安排商品出库	计入销售费用
19	货物签收	根据不同物流方式的运输周期，对在订单要求的到货期限之内到达的订单实施签收	计入营业收入
20	应收账款/应付账款	更新应收或应付账款账期，接受或支付本期到期的应收账款和应付账款	

续表

序号	经营项目	操作要点	财务处理
21	短贷/民间融资	更新短期贷款账期或获得新的贷款	计入负债中的短期借款
	还本付息	还本付息	计入财务费用
22	支付工资	按期支付员工的工资	计入管理费用
23	支付相关费用	按期支付相应的租赁费、维修费、库存管理费、行政管理费	计入管理费用
轮末	交税	缴纳相关税费	
	长贷	更新长期贷款账期，或者获得新的贷款	计入负债中的长期借款
	还本付息	支付利息或还本付息	计入财务费用
	关账	每轮经营结束，轮末进行关账	

任务一、期初工作

1. 新轮规划会议

新的一轮开始之前，整个团队要制订企业发展规划，店长要带领团队完成此项工作，并在店长经营记录表对应位置画"√"，如表3-2所示。

表3-2 店长经营记录表

序号	请按照顺序执行下列操作，执行完成后在相应的空格内画"√"确认。		
	时间节点	第一期	第二期
轮初	轮初规划会议		
	数据魔方分析		
1	办公场所设立		
2	配送中心设立		
3	店铺开设		
4	网店装修		
5	采购投标		
6	商品入库		

续表

序号	请按照顺序执行下列操作,执行完成后在相应的空格内画“√”确认。		
	时间节点	第一期	第二期
7	商品发布		
8	SEO 优化		
9	SEM 推广		
10	SEM 管理		
11	团购		
12	秒杀		
13	套餐		
14	促销		
15	站外推广		
16	订单分发		
17	物流选择		
18	货物出库		
19	货物签收		
20	应收账款/应付账款		
21	短贷/民间融资		
	还本付息		
22	支付工资		
23	支付相关费用		
轮末	交税		
	长贷		
	还本付息		
	关账		

注:阴影部分表示当期不需要点击操作的部分。

2. 数据魔方

数据魔方为卖家提供了不同类目商品的需求信息(如图 3-1 所示),以及基于大数据关键词的相关数据信息(如图 3-2 所示)。卖家可以通过数据魔方进行市场分析，通过分析每个关键词的相关数据，制订自己的经营策略。

市场需求通过信息是指数据魔方提供某类商品在不同城市的市场平均价格及4类不同需求人群的市场需求数量。

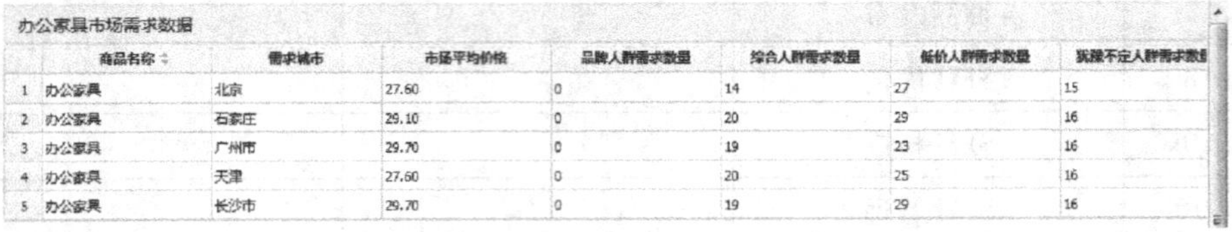
办公家具市场需求数据

	商品名称	需求城市	市场平均价格	品牌人群需求数量	综合人群需求数量	低价人群需求数量	犹豫不定人群需求数量
1	办公家具	北京	27.60	0	14	27	15
2	办公家具	石家庄	29.10	0	20	29	16
3	办公家具	广州市	29.70	0	19	23	16
4	办公家具	天津	27.60	0	20	25	16
5	办公家具	长沙市	29.70	0	19	29	16

图 3-1　数据魔方

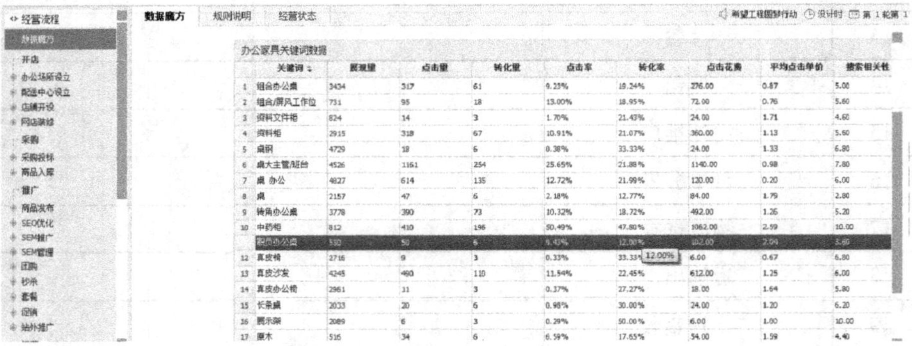

办公家具关键词数据

	关键词	展现量	点击量	转化量	点击率	转化率	点击花费	平均点击单价	搜索相关性
1	组合办公桌	3434	317	61	9.23%	19.24%	276.00	0.87	5.00
2	组合/屏风工作位	731	95	18	13.00%	18.95%	72.00	0.76	5.60
3	资料文件柜	824	14	3	1.70%	21.43%	24.00	1.71	4.60
4	资料柜	2915	318	67	10.91%	21.07%	360.00	1.13	5.60
5	桌钢	4729	18	6	0.38%	33.33%	24.00	1.33	6.80
6	桌大主管/班台	4526	1161	254	25.65%	21.88%	1140.00	0.98	7.80
7	桌 办公	4827	614	135	12.72%	21.99%	120.00	0.20	6.00
8	桌	2157	47	6	2.18%	12.77%	84.00	1.79	2.80
9	转角办公桌	3778	390	73	10.32%	18.72%	492.00	1.26	5.20
10	中药柜	812	410	196	50.49%	47.80%	1062.00	2.59	10.00
	职员办公桌	530	50	6	9.43%	12.00%	102.00	2.04	3.60
12	真皮椅	2716	9	3	0.33%	33.33%	6.00	0.67	6.80
13	真皮沙发	4245	490	110	11.54%	22.45%	612.00	1.25	6.00
14	真皮办公椅	2961	11	3	0.37%	27.27%	18.00	1.64	5.80
15	长条桌	2033	20	6	0.98%	30.00%	24.00	1.20	6.20
16	展示架	2089	6	3	0.29%	50.00%	6.00	1.00	10.00
17	原木	516	34	6	6.59%	17.65%	54.00	1.59	4.40

图 3-2　关键词的相关数据信息

任务二、开店

1. 办公场所的设立

单击“办公场所设立”选项，选择城市，单击“下一步”按钮，如图3-3所示。

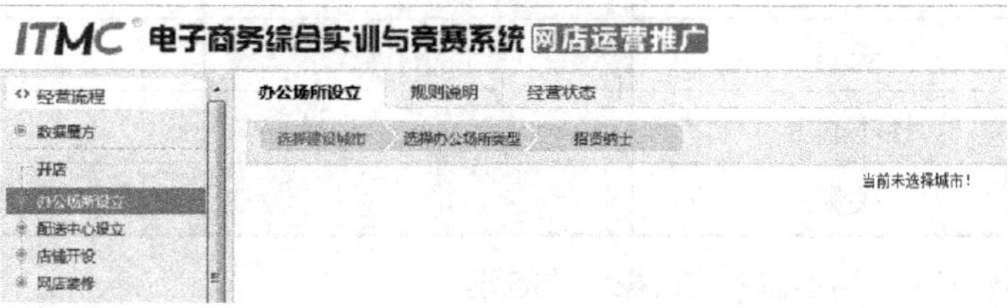

图 3-3　办公城市选择

选择办公场所类型，然后单击“下一步”按钮，如图3-4所示。

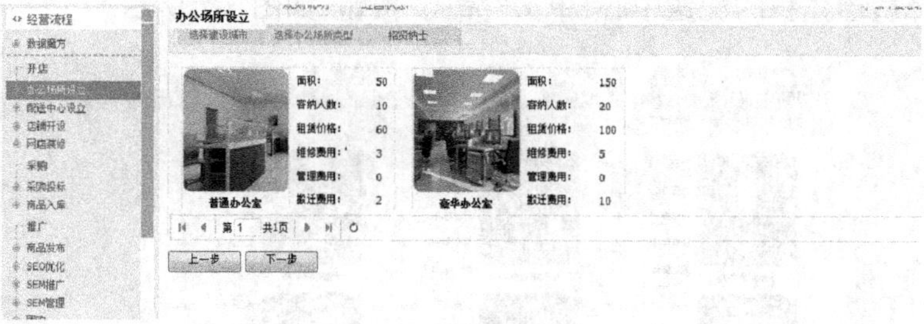

图 3-4　办公室场所类型选择

选中所需员工姓名，然后单击“完成”按钮，完成招贤纳士，如图 3-5 所示。

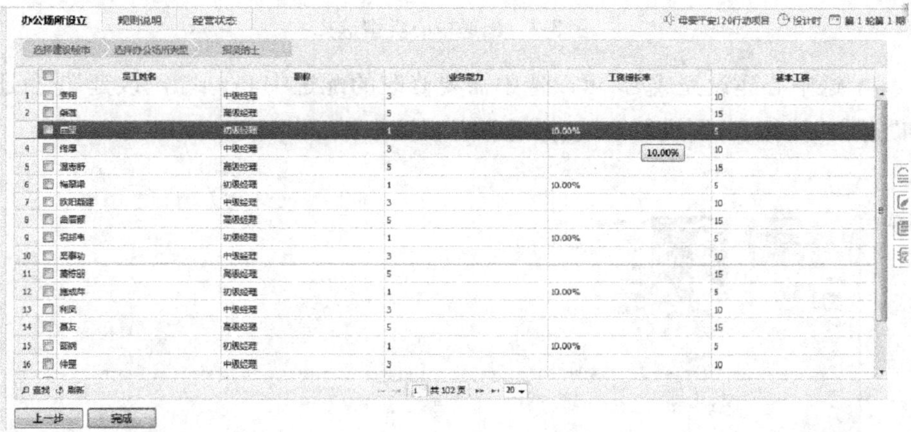

图 3-5　员工招聘

2. 配送中心设立

单击“配送中心设立”选项，单击“租赁”按钮，选择合适的地点建立配送中心，如图 3-6 所示。

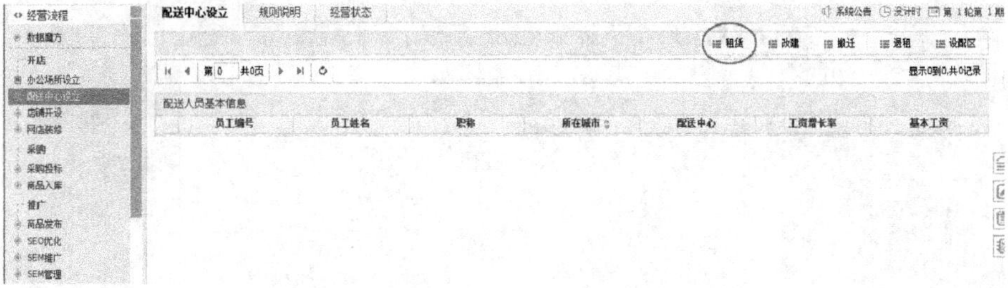

图 3-6　配送中心租赁

选择适当体积的配送中心，单击“完成”按钮，如图 3-7 所示。

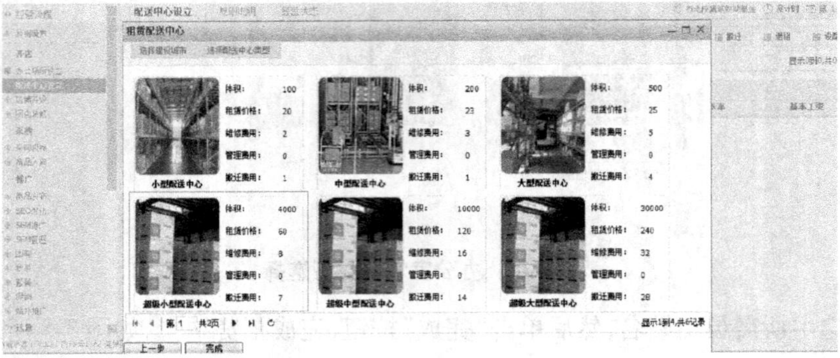

图 3-7　配送中心类型选择

配送中心建设完成后，可以选中需要修改的配送中心，单击“改建”“搬迁”和“退租”按钮，分别进行改建、搬迁和退租操作，如图 3-8 所示。

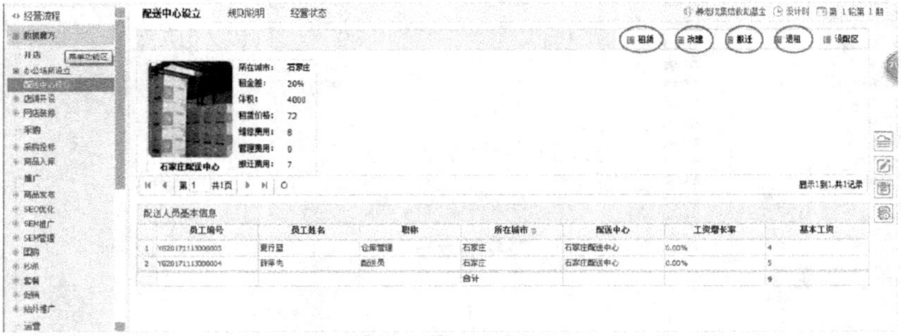

图 3-8　配送中心其他操作

单击“设配区”按钮，弹出“设配区”设置对话框，选择配送中心配送范围和物流方式，如图 3-9 所示。

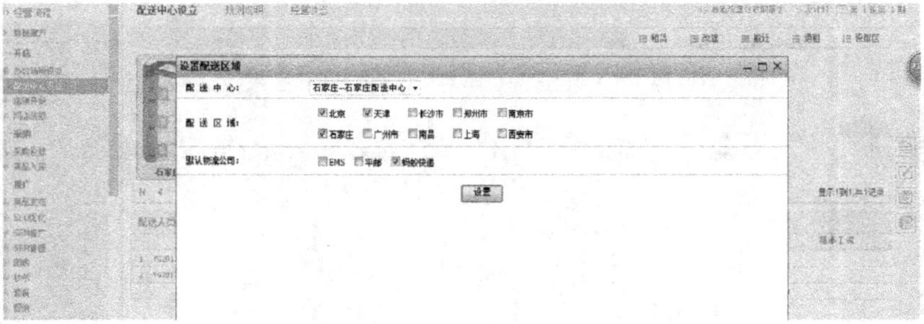

图 3-9　设配区操作

3. 店铺开设

单击“店铺开设”选项，填写店铺名称、经营宗旨、店铺信息描述等信息，单击“开设 C 店”按钮，完成 C 店铺的开设，如图 3-10 所示。

图 3-10　C 店铺的开设

单击“开设 B 店”按钮，开始筹建 B 店，B 店铺的筹建需要 4 期才能投入使用，如图 3-11 所示。

图 3-11　B 店铺的筹建

4. 网店装修

单击“网店装修”选项，单击“网店装修”按钮，选择装修模版，单击“开始装修”按钮，完成网店装修，如图 3-12 所示。

图 3-12　网店装修

任务三、采购

1. 采购投标

单击“采购投标”选项，单击“添加”按钮，弹出“采购信息”对话框，填写采购城市、采购商品、采购数量、单价等信息，完成商品采购，如图 3-13 所示。

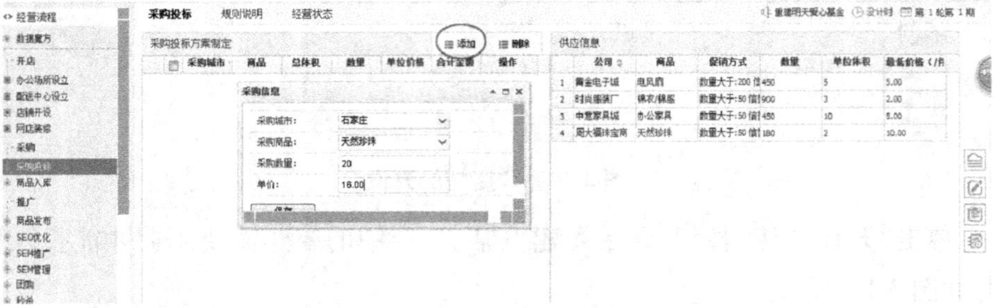

图 3-13　添加采购信息

商品添加完成后，单击“编辑”或“删除”按钮，可以完成对商品的修改，如图 3-14 所示。

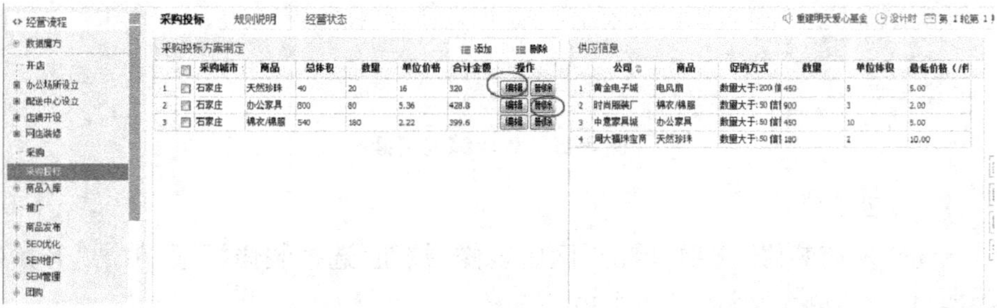

图 3-14　修改商品信息

所有商品都设置完毕后，勾选“采购城市”，单击“投标”按钮，完成投标操作，如图 3-15 所示。

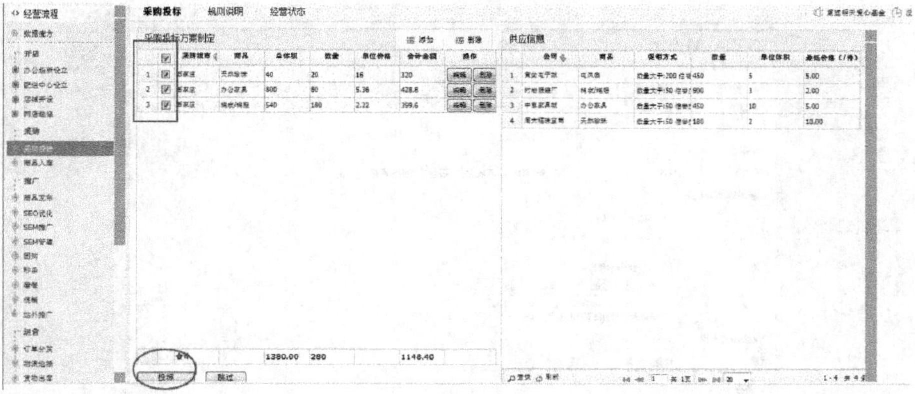

图 3-15　采购投标

2. 商品入库

单击“商品入库”选项，勾选采购中标的订单，单击“商品入库”按钮，完成商品入库操作，如图 3-16 所示。

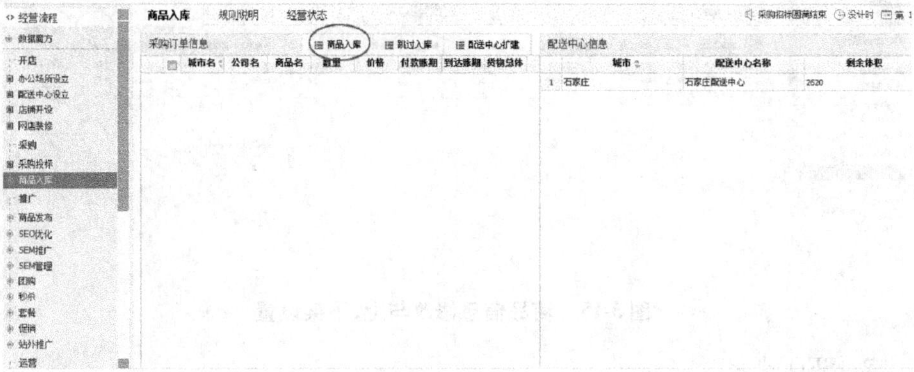

图 3-16　商品入库

任务四、推广

1. 商品发布

单击“商品发布”选项，进入商品发布的设置，单击“发布新商品”按钮，弹出“发布新商品”对话框，填写商品基本信息、商品物流信息和售后保障信息等，单击“发布”按钮，完成新商品的发布，如图 3-17 所示。

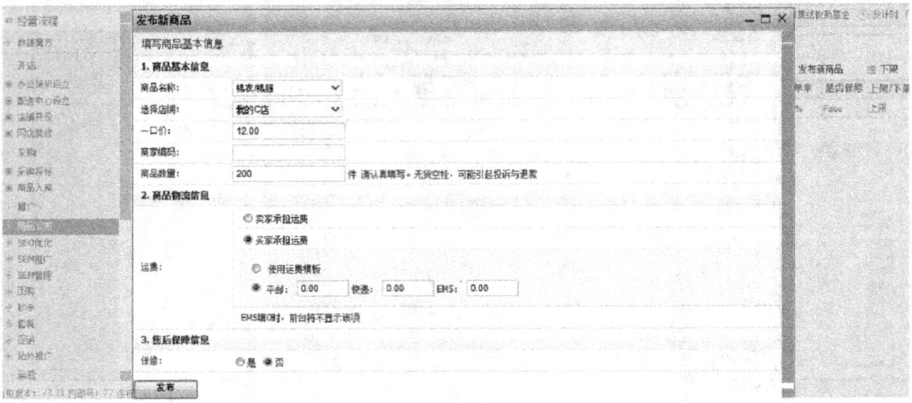

图 3-17　发布新商品

对已经发布的商品可以进行修改,也可通过“上架”“下架”按钮对其进行上、下架设置,如图 3-18 所示。

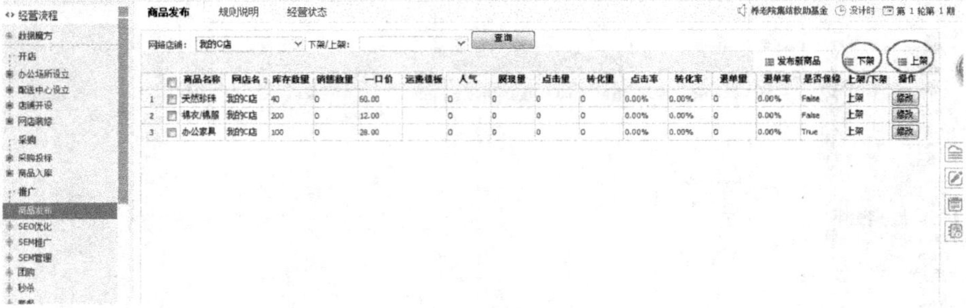

图 3-18　商品信息修改与上、下架设置

2. SEO 优化

单击“SEO 优化”选项,进入 SEO 优化的设置,如图 3-19 所示。

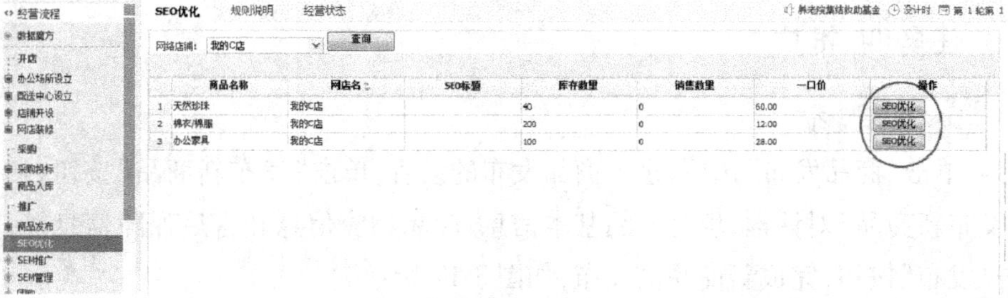

图 3-19　SEO 优化设置

选择商品，单击“SEO 优化”按钮，弹出“SEO 标题优化”对话框，如图 3-20 所示。

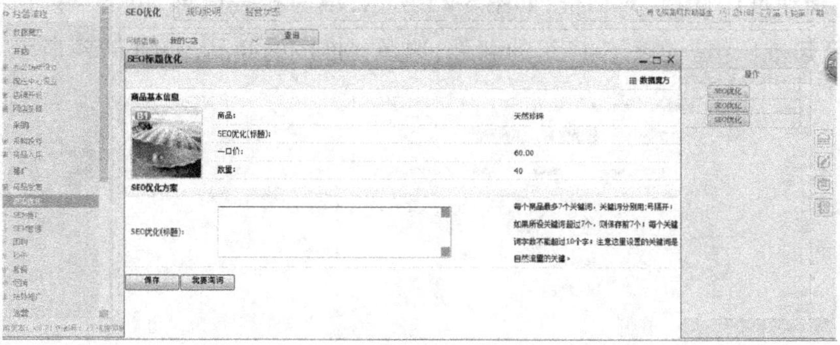

图 3-20　SEO 标题优化

单击“我要淘词”按钮，根据数据魔方提供的关键词的相关属性，勾选需要的关键词，单击“加入标题”按钮，选择完毕后，单击“保存”按钮完成关键词的设置，如图 3-21 和图 3-22 所示。

图 3-21　淘词

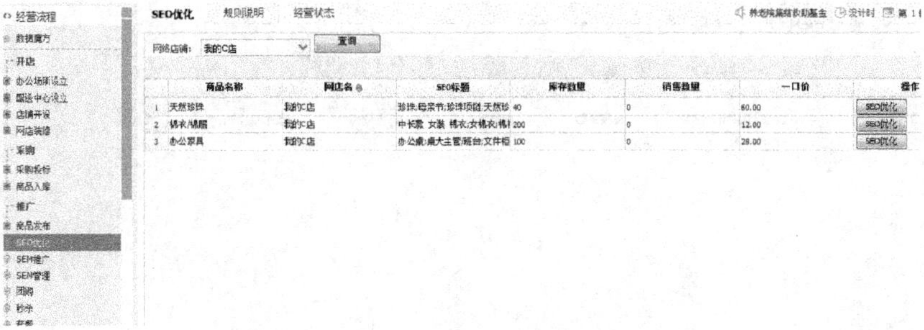

图 3-22　SEO 优化

3. SEM 推广

单击“SEM 推广”选项,进入 SEM 推广的设置,单击“新建推广计划”按钮,弹出“新建推广计划”对话框,如图 3-23 所示,填写相关信息,单击“保存”按钮,进入新建推广组。填写推广组的名称,选择要推广的商品,如图 3-24 所示。

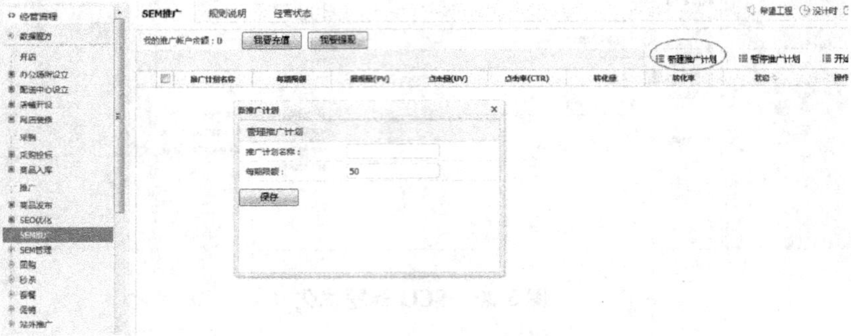

图 3-23 新建推广计划

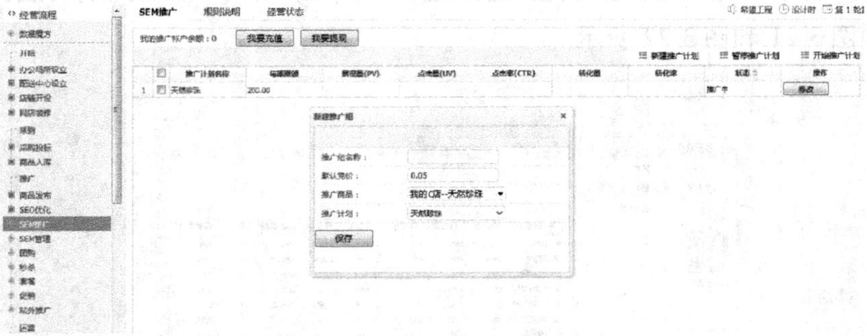

图 3-24 新建推广组

SEM 推广需要先进行充值,当然也可以随时提现推广保证金,如图 3-25 所示。

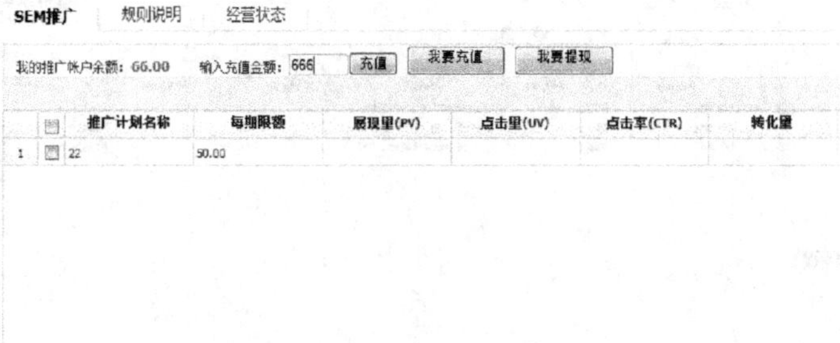

图 3-25 推广保证金的充值和提现

4. SEM 管理

单击"SEM 管理"选项,进入 SEM 管理的设置,单击"我要推广"按钮,弹出"新建推广组"对话框,修改默认竞价,单击"保存"按钮,如图 3-26 所示。

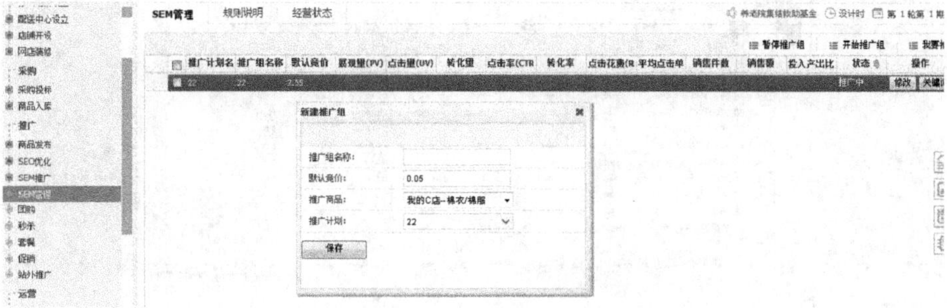

图 3-26　SEM 管理

单击"关键词"按钮,弹出"管理推广关键词"对话框,如图 3-27 所示。

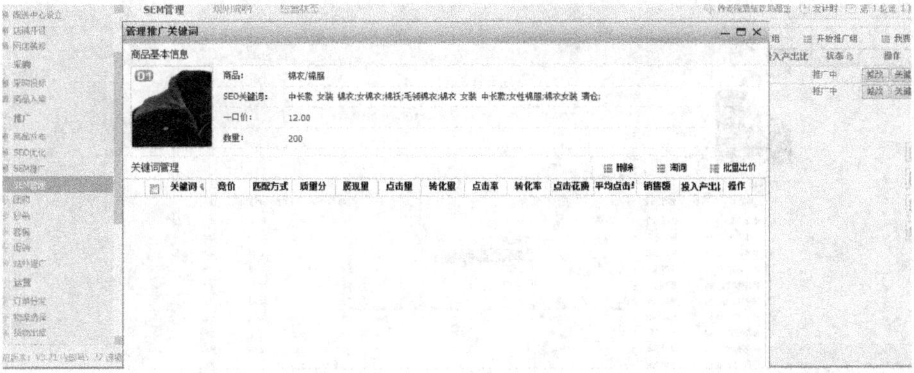

图 3-27　管理推广关键词

单击"淘词"按钮,弹出"淘词"对话框,勾选需要的淘词,最多可以选择 50 个淘词,如图 3-28 所示。

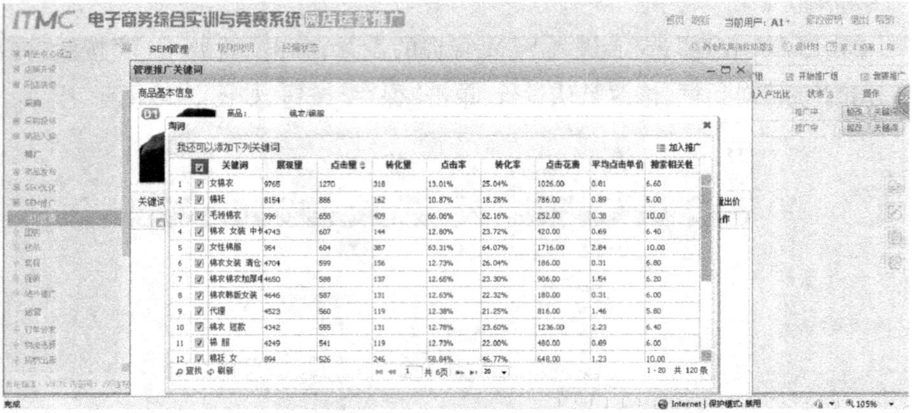

图 3-28　添加淘词

单击“加入推广”按钮,保存选择的关键词,单击“批量改价”修改关键词的匹配方式,如图 3-29 所示。

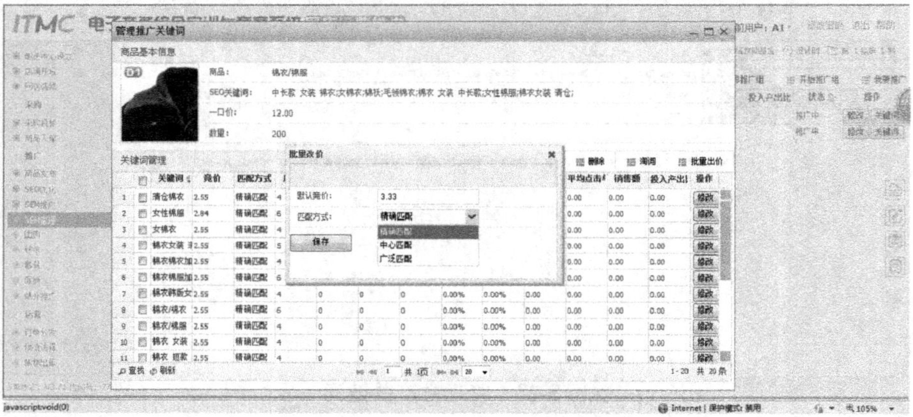

图 3-29　批量改价

对不需要进行推广的商品,可以通过“暂停推广组”按钮完成设置,如图 3-30 所示。

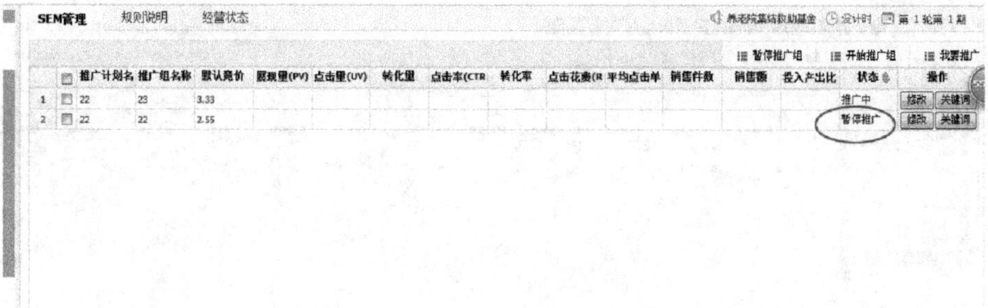

图 3-30　暂停推广组

5．团购

单击“团购”选项，进入团购的设置，单击“添加”按钮，弹出“添加新团购”对话框，填写团购名称、团购的商品、团购折扣、最少购买数量等信息，完成团购设置，如图 3-31 所示。

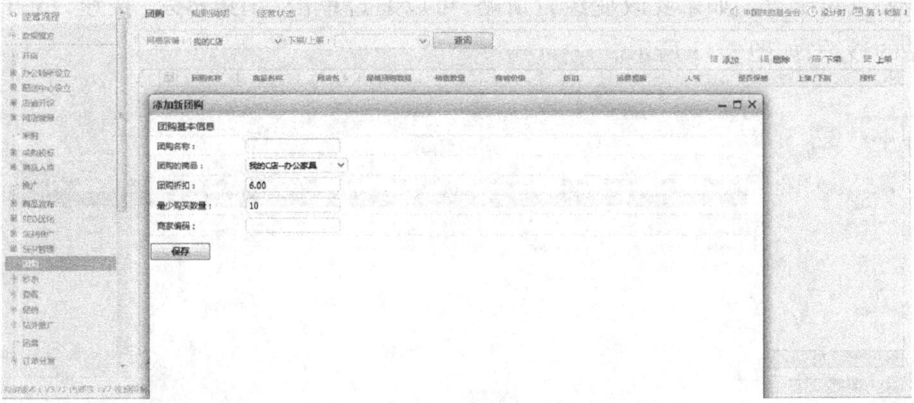

图 3-31　团购的设置

团购可以进行添加或上、下架的操作，对于不需要的团购，可以直接删除，如图 3-32 所示。

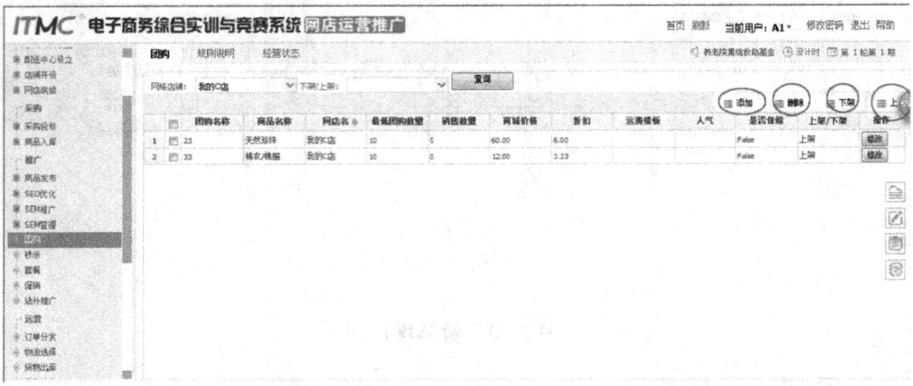

图 3-32　团购的其他设置

6. 秒杀

单击“秒杀”选项，进入秒杀设置，单击“开启秒杀”按钮，消费者购买时，只需要支付半价。如果要改变经营策略，可以通过单击“结束秒杀”按钮，结束商品的秒杀，如图 3-33 所示。

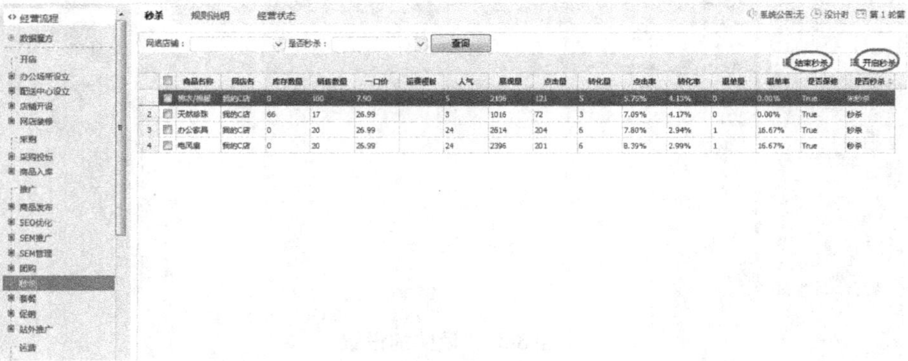

图 3-33　秒杀的设置

7. 套餐

单击“套餐”选项，进入套餐设置，单击“添加”按钮，弹出“修改套餐信息”对话框，填写套餐商品信息、套餐基本信息、套餐物流信息、售后保障信息等，单击“保存”按钮，完成套餐的设置，如图 3-34 所示。

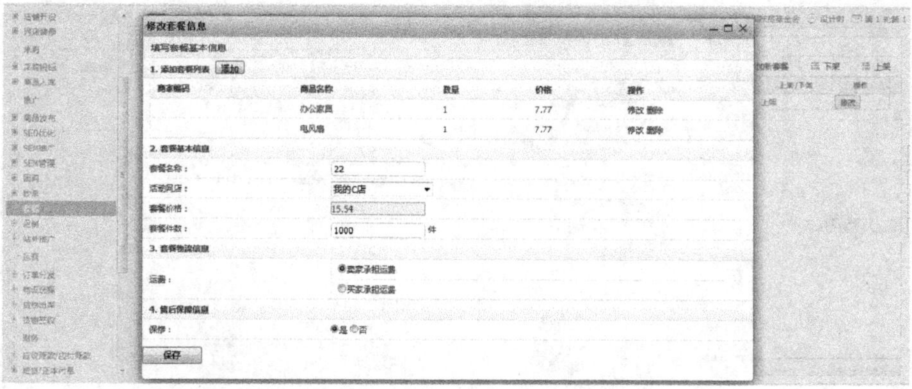

图 3-34　套餐的设置

8. 促销

单击“促销”选项，进入促销设置，系统设置了三种促销模式：满就送、多买折扣和买第几件折扣。

(1) 满就送

在“促销”选项中，选择满就送促销模块，单击“添加”按钮，弹出“添加促销信息”对话框，填写促销名称、活动限制、商品范围、金额要求、优惠金额等信息，单击“保存”按钮，完成满就送促销的设置，如图 3-35 所示。

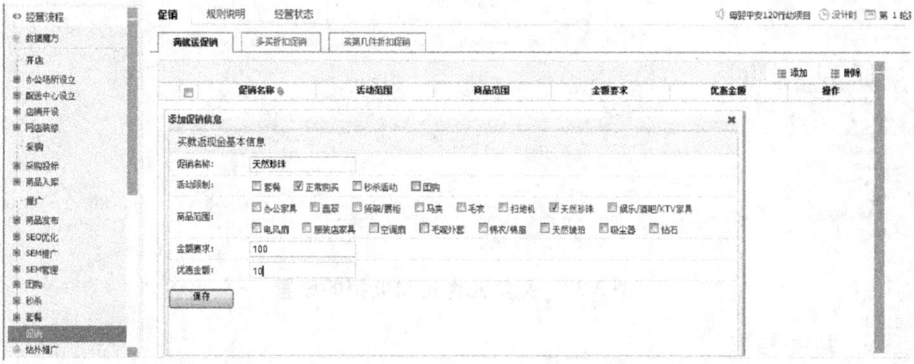

图 3-35　满就送促销的设置

(2) 多买折扣

在“促销”选项中，选择多买折扣促销模块，单击“添加”按钮，弹出“添加促销信息”对话框，填写促销名称、活动限制、商品范围、购买最少件数、享受折扣等信息，单击“保存”按钮，完成多买折扣促销的设置，如图 3-36 所示。

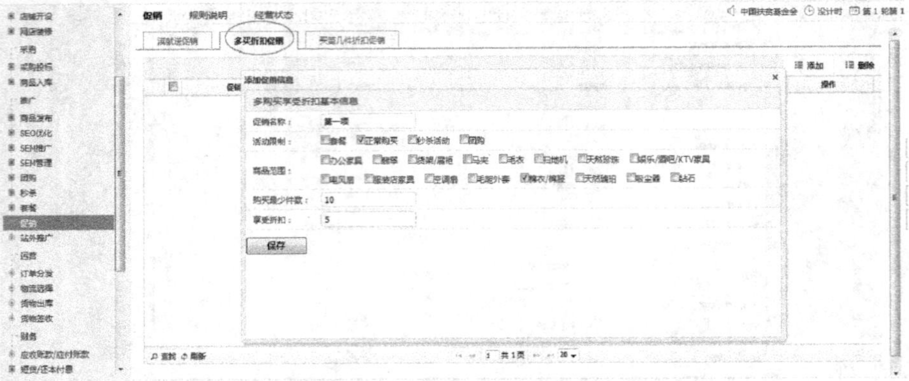

图 3-36　多买折扣促销的设置

(3) 买第几件折扣

在“促销”选项中，选择买第几件折扣促销模块，单击“添加”按钮，弹出“添加促销信息”对话框，填写促销名称、活动限制、商品范围、买第几件享受几折等信息，单击“保存”按钮，完成买第几件折扣促销的设置，如图 3-37 所示。

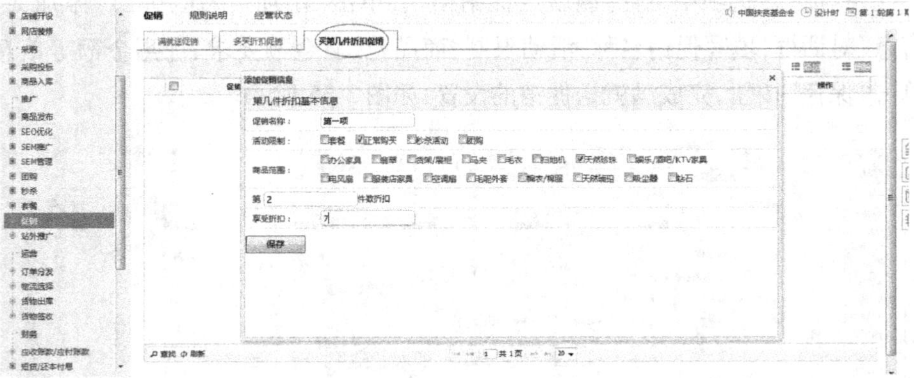

图 3-37　买第几件折扣促销的设置

9. 站外推广

B 店完成筹建后，才能进行站外推广。如果需要设置，单击“添加”按钮，弹出“站外推广对话框”，选择推广商品、推广方式，并填写投标价格，单击“保存”按钮，完成一个广告的投放，根据经营需要可以设置多个商品的推广方案，全部完成后，单击“递交投标”按钮，完成站外推广，如图 3-38 和图 3-39 所示。

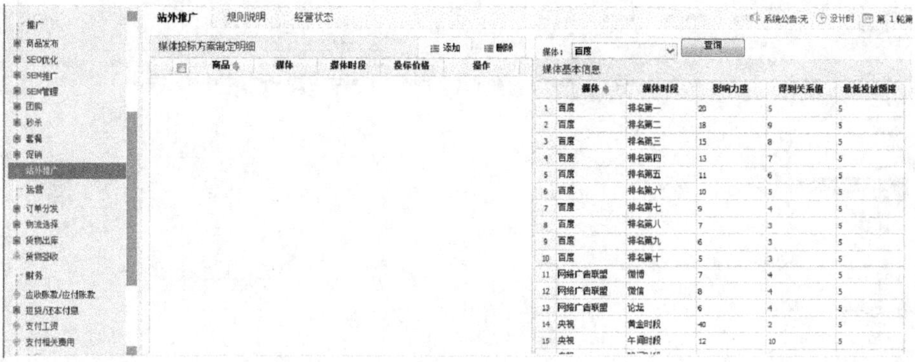

图 3-38　站外推广设置

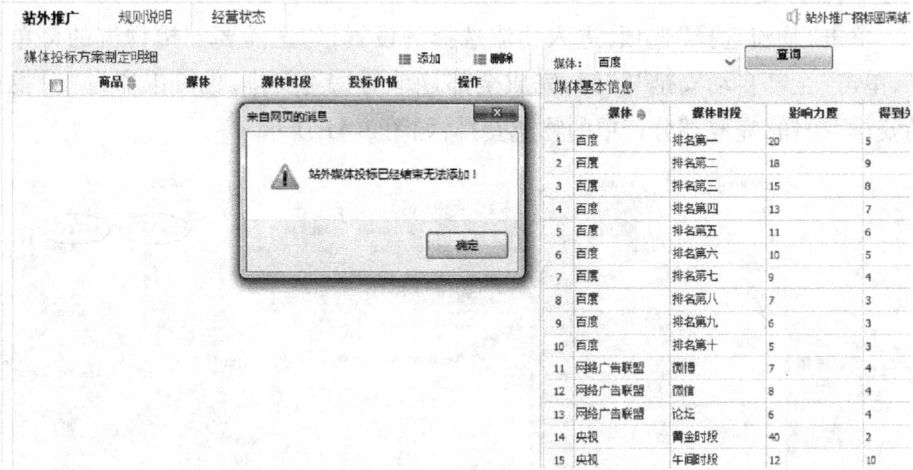

图 3-39　站外推广投标

任务五、运营

1．订单分发

单击“订单分发”选项，进入订单分发设置，勾选需要分发的订单，单击“全部自动分发”按钮，完成全部订单的分发，也可以通过“分批自动分发”按钮，完成部分订单的分发，如图 3-40 所示。

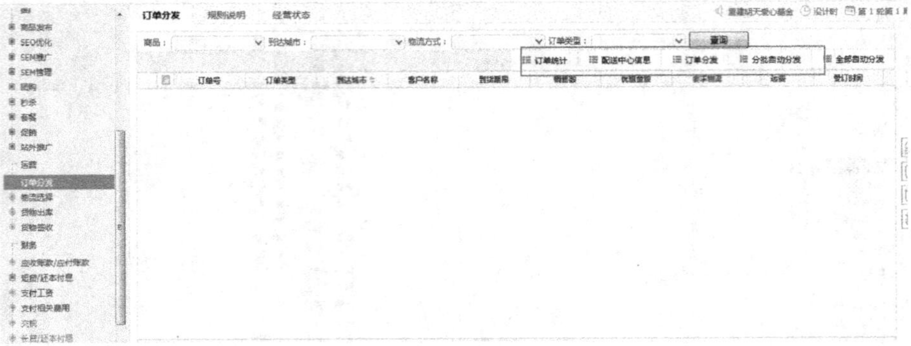

图 3-40　订单分发

2. 物流选择

单击“物流选择”选项，进入物流选择的设置，勾选需要安排物流的订单信息，单击“全部自动安排”按钮，完成全部订单的物流安排，也可以通过“分批自动安排”按钮，完成部分订单的物流安排，如图 3-41 所示。

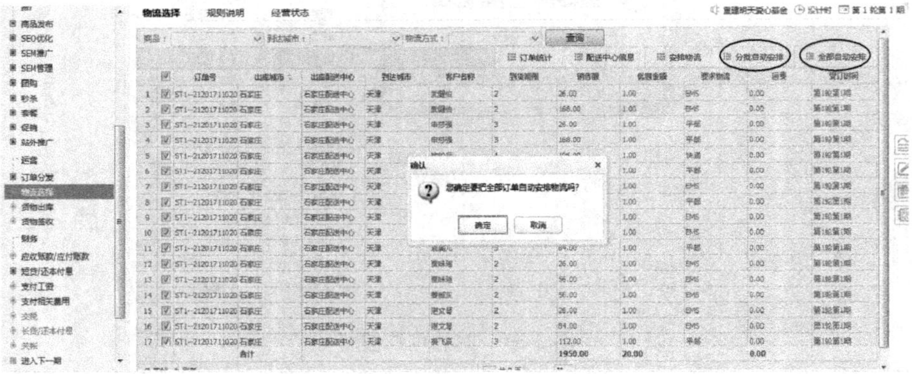

图 3-41　物流选择

3. 货物出库

单击“货物出库”选项，进入货物出库的设置，勾选需要出库的订单信息，单击“全部出库”按钮，完成全部订单的出库，如图 3-42 所示。

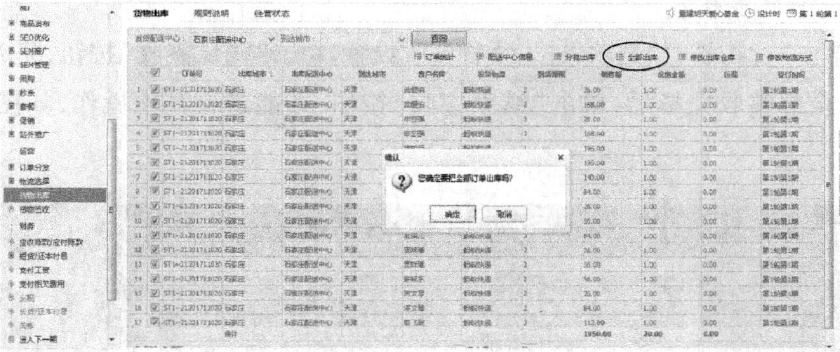

图 3-42　全部订单出库

也可以通过“分批出库”按钮,完成部分订单的出库,如图 3-43 所示。

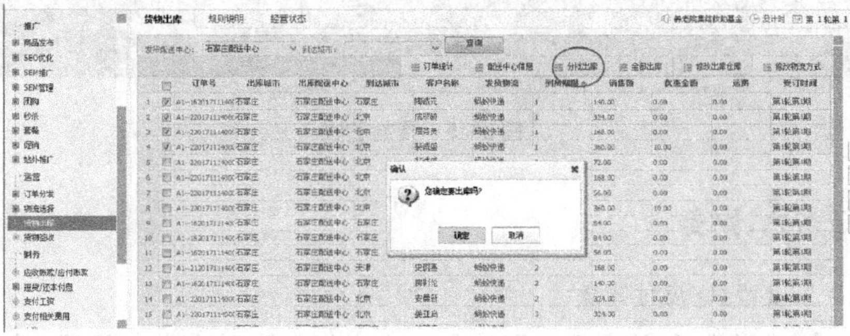

图 3-43　部分订单出库

另外,在货物出库模块中,还可以进行订单、配送中心信息的查询和物流仓库、物流方式的修改,如图 3-44 所示。

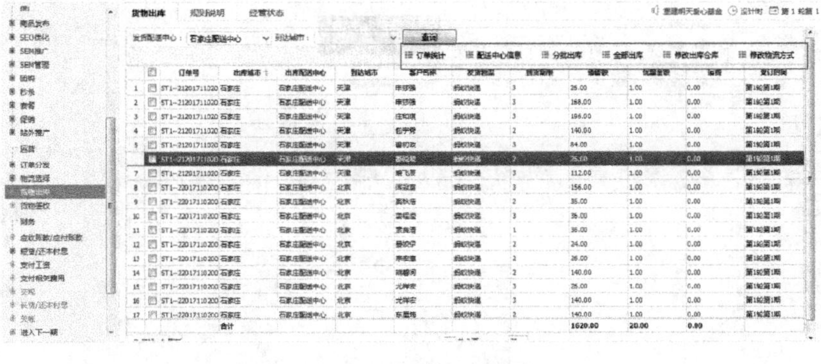

图 3-44　货物出库的其他操作

4. 货物签收

单击“货物签收”选项，进入货物签收设置，单击“确认签收”按钮，完成货物签收，全部签收完毕后，单击“结束签收”按钮，才能进行其他操作，如图 3-45 所示。

图 3-45　货物签收

任务六、财务

1. 应收账款/应付账款

单击“应收账款/应付账款”选项，进入应收账款/应付账款设置，单击“接受/支付”按钮，完成应收账款/应付账款的操作，如果没有应收账款/应付账款，也可以忽略此步骤，如图 3-46 所示。

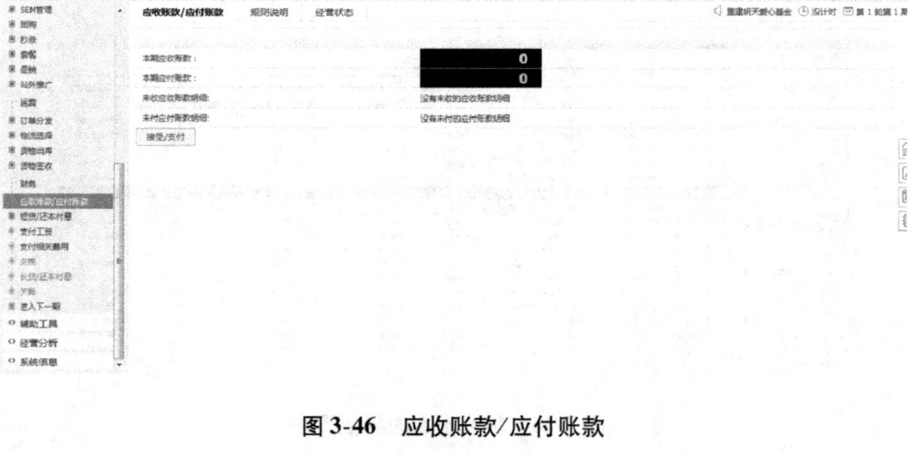

图 3-46　应收账款/应付账款

2. 短贷/还本付息

单击“短贷/还本付息”选项，进入短贷/还本付息设置，选择短期贷款或民间融资额度，单击“新贷款”按钮，完成操作，如图 3-47 所示。

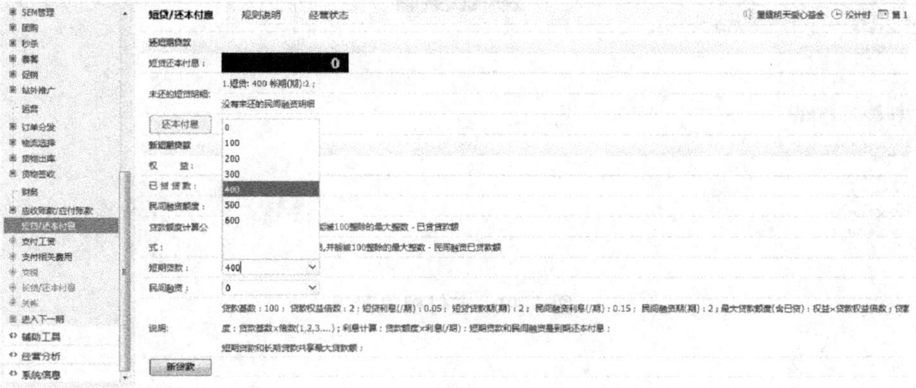

图 3-47　短贷/还本付息

3. 支付工资

单击“支付工资”选项，进入支付工资设置，单击“支付工资”按钮，完成操作，如图 3-48 所示。

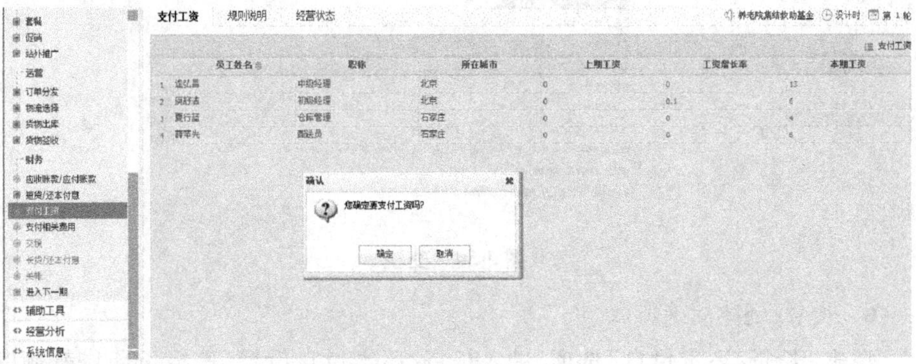

图 3-48　支付工资

4. 支付相关费用

单击“支付相关费用”选项，进入支付相关费用设置，进行设置单击“支付”按钮，完成支付相关费用操作，如图 3-49 所示。

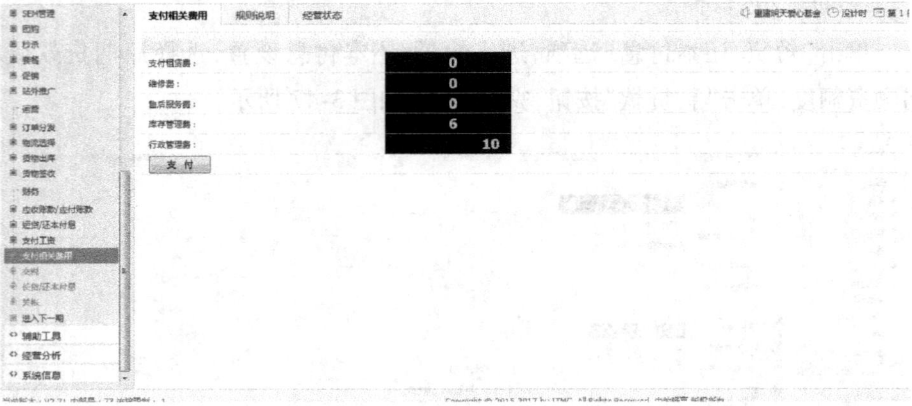

图 3-49　支付相关费用

5. 交税

单击“交税”选项，进入交税设置，单击“交税”按钮，完成交税操作，如图 3-50 所示。

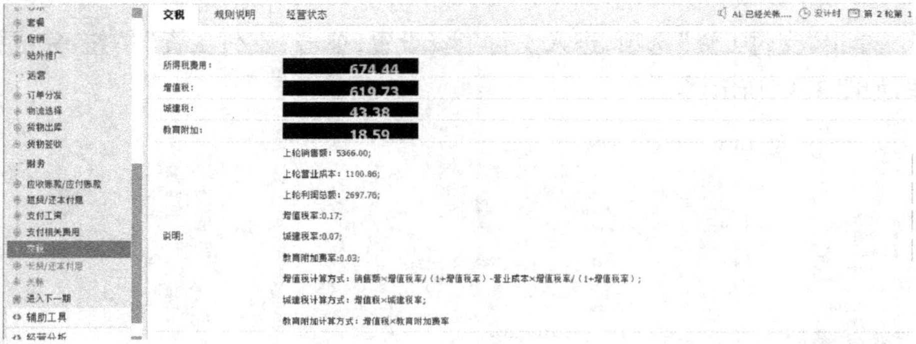

图 3-50　交税

6. 长贷/还本付息

单击“长贷/还本付息”选项，进入长贷/还本付息设置，选择长期贷款额度，单击“新贷款”按钮，完成操作，如图 3-51 所示。

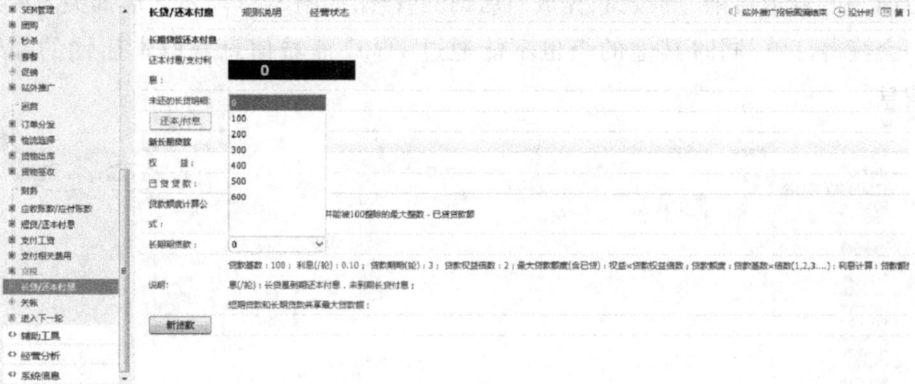

图 3-51　长贷/还本付息

7. 关账

单击“关账”选项，进入关账设置，单击“关账”按钮，完成关账操作，如图 3-52 所示。

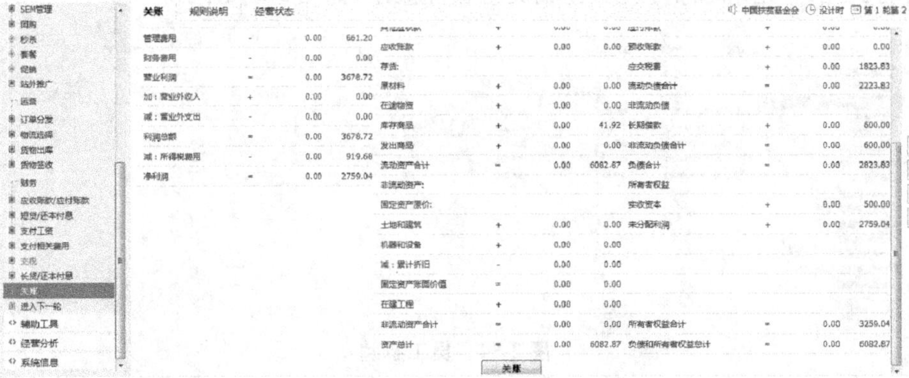

图 3-52　关账

模块二　辅助工具

任务一、基础管理工具

1. 店铺管理

在辅助工具模块中，单击“店铺管理”选项，进入店铺管理设置，通过“关闭店铺"和"开放店铺"的按钮,完成对店铺的管理,如图 3-53 所示。店铺关闭后将不会获得订单,同时其他的组也不能通过 ITMC 商城信息获取本店铺的经营信息。

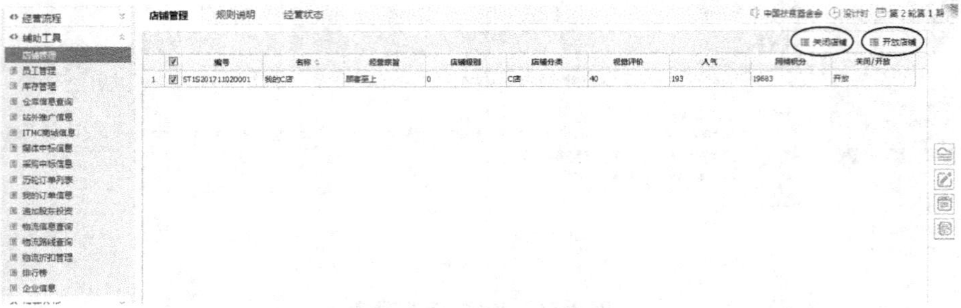

图 3-53　店铺管理

2. 员工管理

在辅助工具模块中,单击"员工管理"选项,进入员工管理设置,勾选需要解聘的员工,单击"解聘"按钮,完成员工管理操作,如图 3-54 所示。

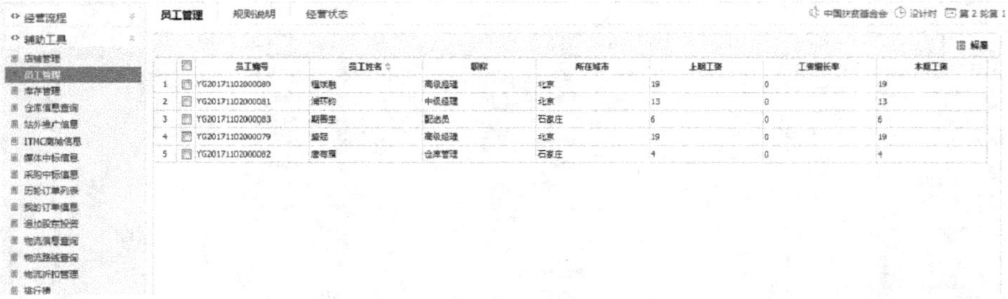

图 3-54　员工解聘

3. 库存管理

在辅助工具模块中,单击"库存管理"选项,进入库存管理设置,通过库存管理模块可以查看各配送中心库存信息,库存管理模块显示商品信息、库存所在城市、库存数量、平均进价和总成本信息。另外,通过库存调拨,可以实现在不同城市的配送中心之间的货物调拨,如图 3-55 所示。

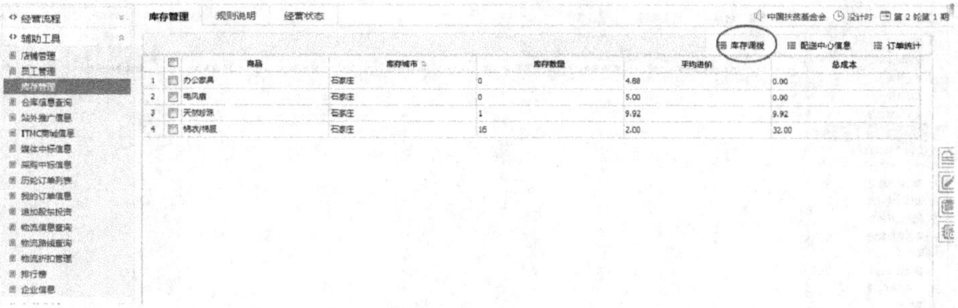

图 3-55　库存管理

任务二、基础信息查询工具

1. 仓库信息查询

在辅助工具模块中，单击“仓库信息查询”选项，进入仓库信息查询设置，根据实际运营需要，选择查看各城市配送中心的库存信息，如图 3-56 所示。

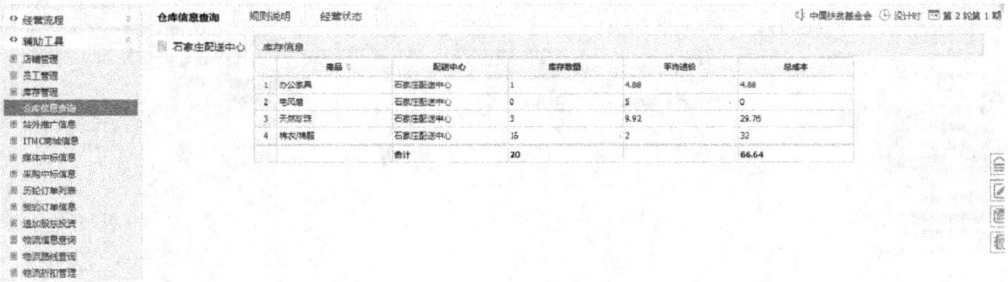

图 3-56　仓库信息查询

2. 站外推广信息

在辅助工具模块中，单击“站外推广信息”选项，进入站外推广信息设置，通过该模块可以查看各店铺当期媒体中标信息，包括中标账号、媒体名称、商品名称、时段名称、中标费用等信息，如图 3-57 所示。

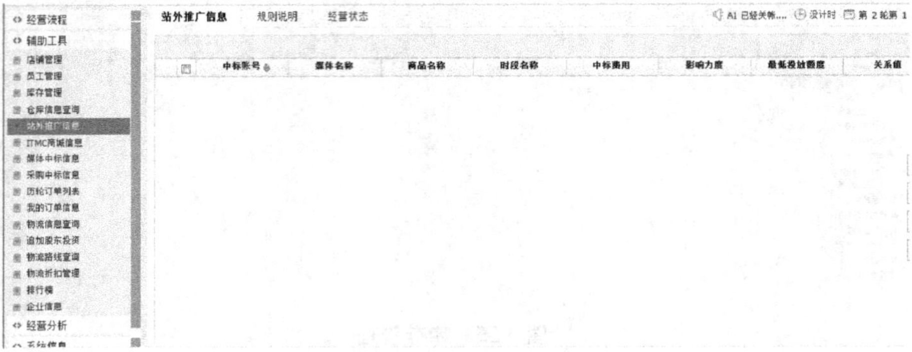

图 3-57　站外推广信息

3. ITMC 商城信息

在辅助工具模块中，单击“ITMC 商城信息”选项，进入站外 ITMC 商城信息设置，通过该模块可以查看各个团队店铺的信息，包括 SEO 商品信息和 SEM 商品信息，如图 3-58 所示。

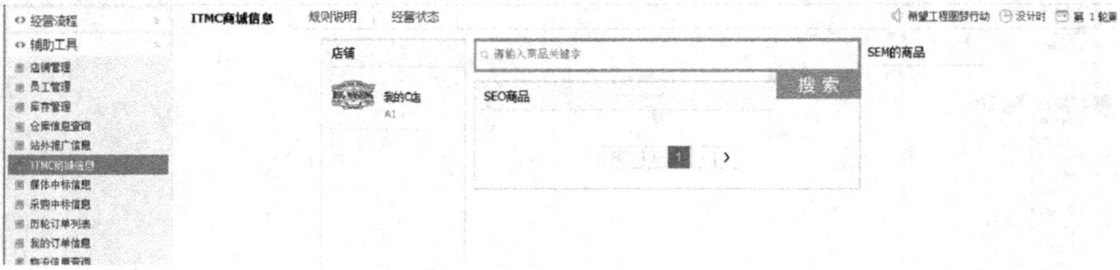

图 3-58　ITMC 商城信息

4. 媒体中标信息

在辅助工具模块中，单击“媒体中标信息”选项，进入媒体中标信息设置，可以查看自己店铺的媒体中标信息，包括中标账号、媒体名称、商品名称、时段名称、中标费用等信息，如图 3-59 所示。

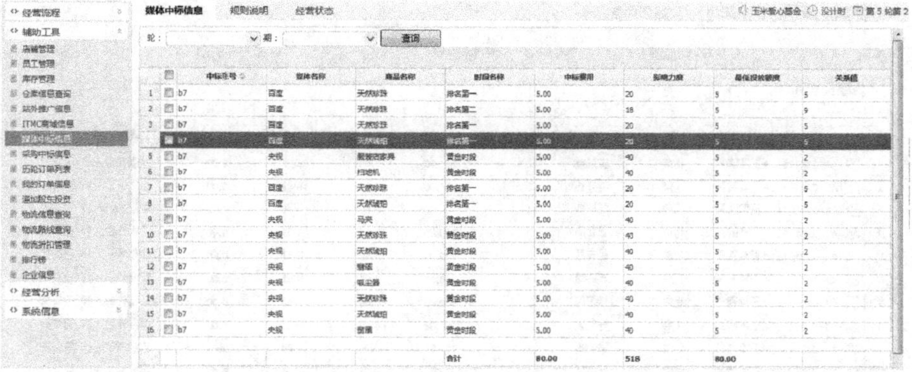

图 3-59　媒体中标信息

5. 采购中标信息

在辅助工具模块中，单击“采购中标信息”选项，进入采购中标信息设置，可以查看自己店铺的采购中标信息，包括中标账号、城市名、公司名、商品名、数量、价格、总金额、付款账期、到达期限和是否入库等信息，如图 3-60 所示。

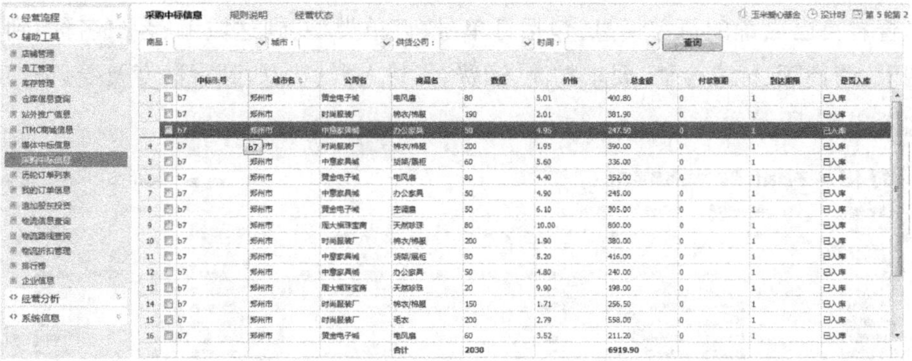

图 3-60　采购中标信息

任务三、订单信息查询工具

1. 历轮订单信息

在辅助工具模块中，单击“历轮订单信息”选项，进入历轮订单信息设置，可以查看自己店铺的历轮订单信息，包括订单号、订单类型、到达城市、客户名称、到货期限、销售额、优惠金额、要求物流、运费、消费人群、状态等信息，如图 3-61 所示。

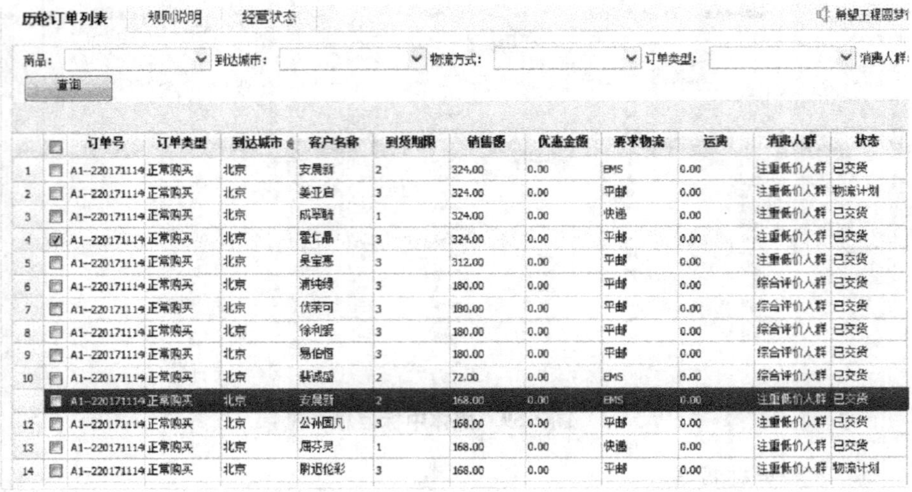

	订单号	订单类型	到达城市	客户名称	到货期限	销售额	优惠金额	要求物流	运费	消费人群	状态
1	A1--220171114	正常购买	北京	安晨新	2	324.00	0.00	EMS	0.00	注重低价人群	已交货
2	A1--220171114	正常购买	北京	姜亚启	3	324.00	0.00	平邮	0.00	注重低价人群	物流计划
3	A1--220171114	正常购买	北京	成翠骑	1	324.00	0.00	快递	0.00	注重低价人群	已交货
4	A1--220171114	正常购买	北京	霍仁晶	3	324.00	0.00	平邮	0.00	注重低价人群	已交货
5	A1--220171114	正常购买	北京	吴宝惠	3	312.00	0.00	平邮	0.00	注重低价人群	已交货
6	A1--220171114	正常购买	北京	浦纯绿	3	180.00	0.00	平邮	0.00	综合评价人群	已交货
7	A1--220171114	正常购买	北京	伏荣可	3	180.00	0.00	平邮	0.00	综合评价人群	已交货
8	A1--220171114	正常购买	北京	徐和霞	3	180.00	0.00	平邮	0.00	综合评价人群	已交货
9	A1--220171114	正常购买	北京	易伯恒	3	180.00	0.00	平邮	0.00	综合评价人群	已交货
10	A1--220171114	正常购买	北京	裴诚盛	2	72.00	0.00	EMS	0.00	综合评价人群	已交货
	A1--220171114	正常购买	北京	安晨新	2	168.00	0.00	EMS	0.00	注重低价人群	已交货
12	A1--220171114	正常购买	北京	公孙国凡	3	168.00	0.00	平邮	0.00	注重低价人群	已交货
13	A1--220171114	正常购买	北京	屈芬灵	1	168.00	0.00	快递	0.00	注重低价人群	已交货
14	A1--220171114	正常购买	北京	尉迟伦彩	3	168.00	0.00	平邮	0.00	注重低价人群	物流计划

图 3-61　历轮订单信息

2. 我的订单信息

在辅助工具模块中,单击"我的订单信息"选项,进入我的订单信息设置,可以查看自己店铺的订单信息,包括订单号、订单类型、到达城市、客户名称、到货期限、销售额、优惠金额、要求物流、运费、消费人群、状态、到货进度及受订时间,如图 3-62 所示。

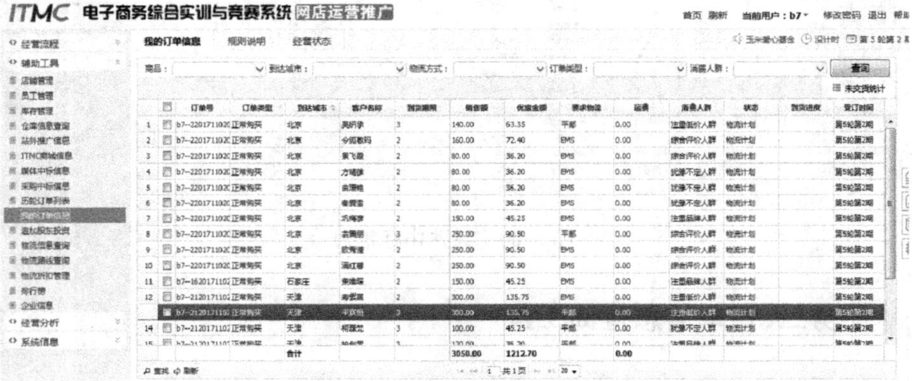

图 3-62　我的订单信息

任务四、物流信息查询工具

1. 物流信息查询

在辅助工具模块中，单击“物流信息查询”选项，进入物流信息查询设置，可以查看能够使用的物流方式，如图 3-63 所示。

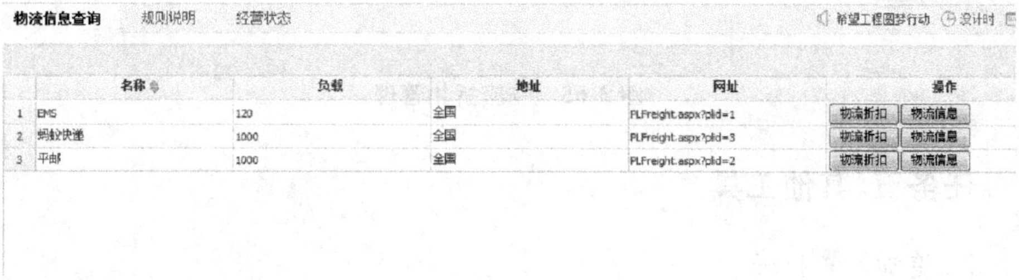

图 3-63　物流信息查询

2. 物流线路查询

在辅助工具模块中，单击“物流线路查询”选项，进入物流线路查询设置，可以查看物流的路线信息，包括计费名称、发货城市、目的城市、商品名称、距离、运输路径等信息，如图 3-64 所示。

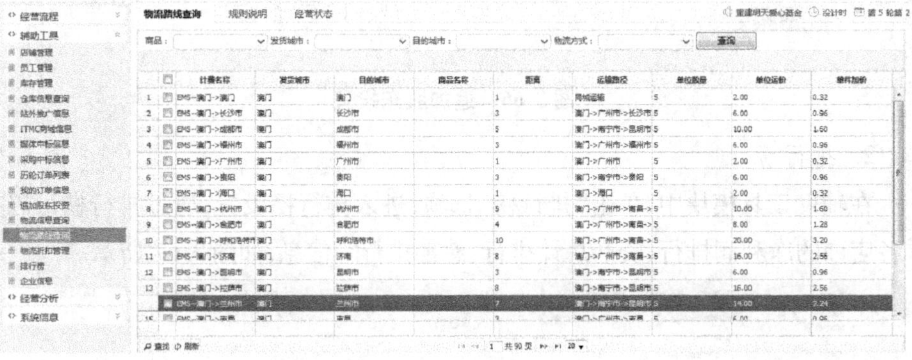

图 3-64　物流线路查询

3. 物流折扣管理

在辅助工具模块中，单击“物流折扣管理”选项，进入物流折扣管理设置，可以查看各物流折扣信息等，包括最少交易次数、最少成交金额及享受折扣的额度等信息，如图 3-65 所示。

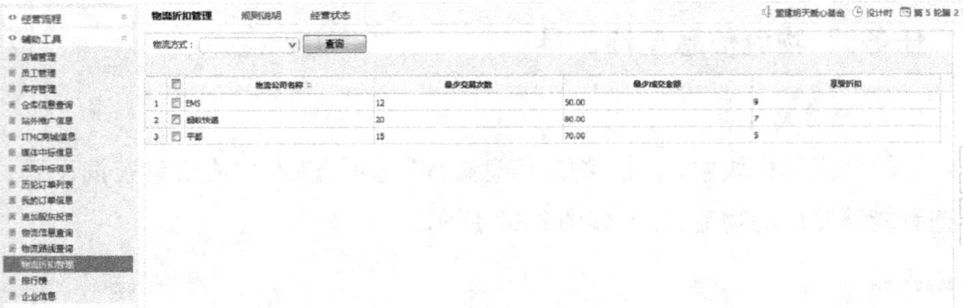

图 3-65　物流折扣管理

任务五、其他工具

1. 追加股东投资

在辅助工具模块中，单击“追加股东投资”选项，进入追加股东投资设置，填写追加的额度，单击“追加投资”按钮，完成股东投资，如图 3-66 所示。

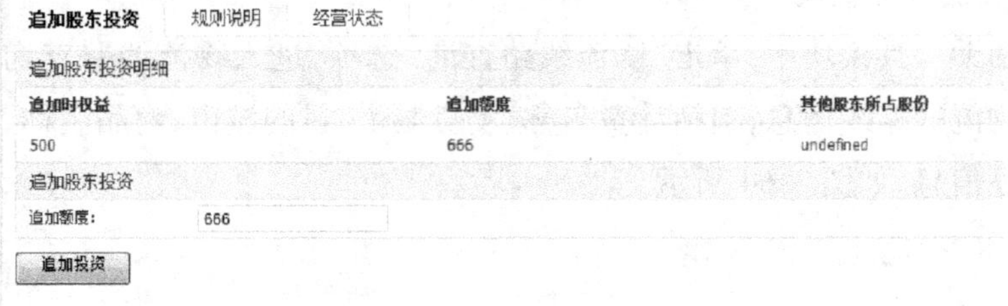

图 3-66　追加股东投资

2. 排行榜

在辅助工具模块中，单击“排行榜”选项，进入排行榜设置，通过排行榜可以查看各店铺的净利润排行、资产总计排行、慈善排行等信息，如图 3-67 所示。

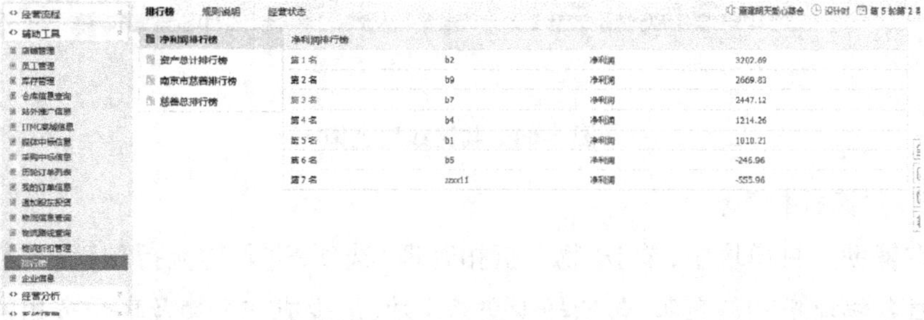

图 3-67　排行榜

3. 企业信息

在辅助工具模块中,单击"企业信息"选项,进入企业信息设置,通过企业信息可以查看自己店铺企业基本信息,包括企业信誉度、店铺总人气、总媒体影响力、社会慈善、店铺视觉值及相关店铺信息、B2C模式、员工经验值、员工业务能力、商品城市均价、商品绩效、城市影响力等信息,如图3-68所示。

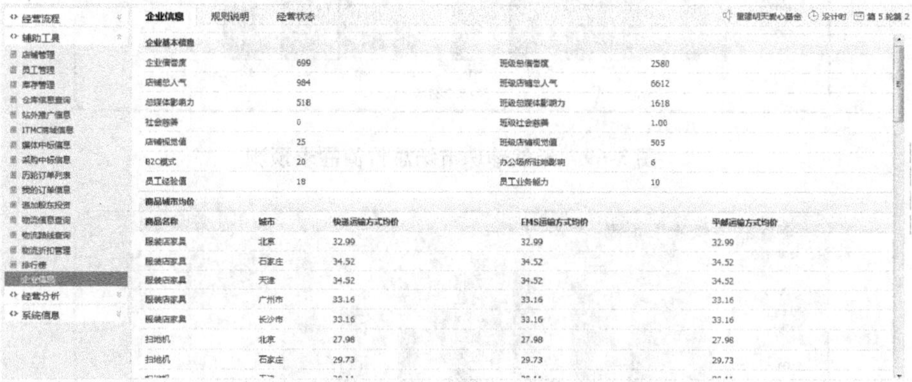

图3-68　企业信息

模块三　经营分析

任务一、市场预测图

在网店模拟运营过程中,市场预测是各团队能够得到的关于商品市场需求预测的唯一可以参考的有价值的信息。市场预测分析为卖家提供了不同类目商品的市场预测资料。卖家可以在经营分析模块下的市场预测图中选择需要查询的商品,从而得到相关数据,如图3-69、图3-70和图3-71所示。

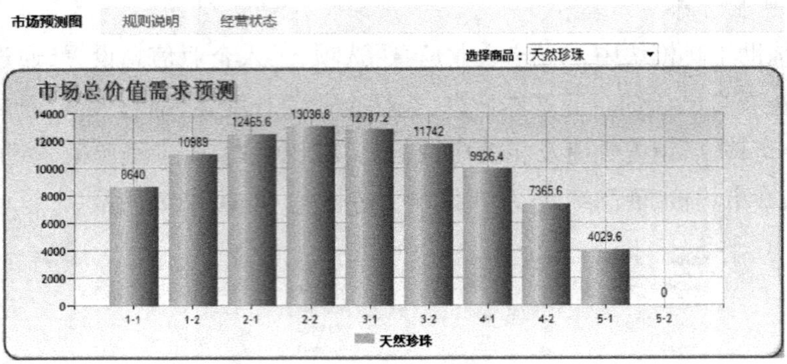

图 3-69　天然珍珠市场总价值需求预测

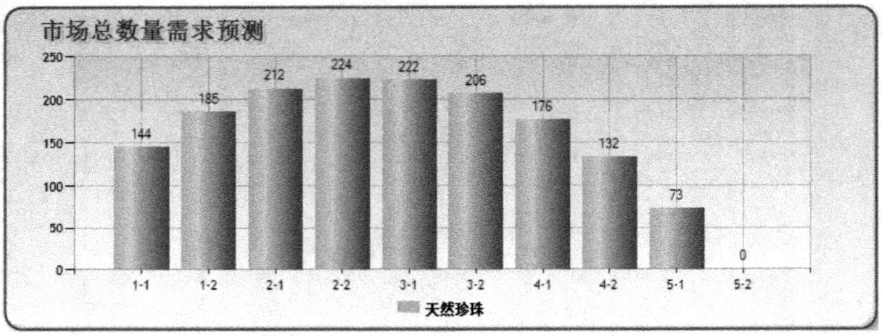

图 3-70　天然珍珠市场总数量需求预测

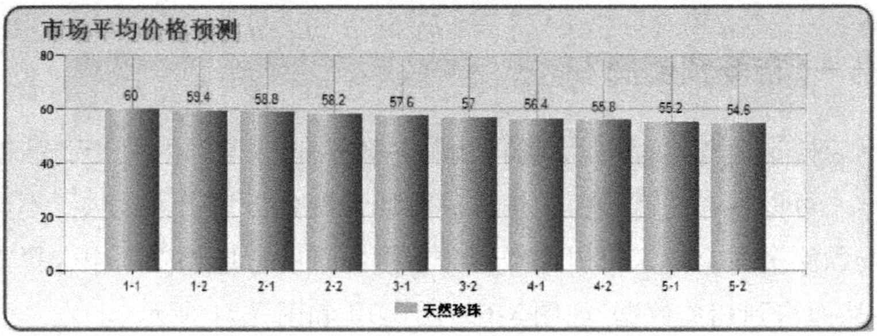

图 3-71　天然珍珠市场平均价格预测

任务二、现金流量表

现金流量表是反映一定时期内企业经营活动、投资活动和筹资活动对其现金及现金等价物产生影响的财务报表。它是决定公司短期生存能力的重要指标。现金流量表如图 3-72 所示。

图 3-72　现金流量表

任务三、财务报表

模拟企业的财务状况由企业对外提供的主要财务报告——利润表和资产负债表（如图 3-73 和图 3-74 所示）来表述，通过分析财务报表可以诊断企业的财务状况和经营成果。

图 3-73　利润表

资产负债表							
资产				负债及所有者权益			
项目	表达式	上轮值	当轮值	项目	表达式	上轮值	当轮值
流动资产:				流动负债			
货币资金	+	0.00	5862.80	短期借款	+	0.00	1000.00
其他应收款	+	0.00	12.72	应付账款	+	0.00	0.00
应收账款	+	0.00	0.00	预收账款	+	0.00	0.00
存货:				应交税费	+	0.00	1450.54
原材料	+	0.00	0.00	流动负债合计	=	0.00	2450.54
在途物资	+	0.00	0.00	非流动负债			
库存商品	+	0.00	47.54	长期借款	+	0.00	0.00
发出商品	+	0.00	0.00	非流动负债合计	=	0.00	0.00
流动资产合计	=	0.00	5923.06	负债合计	=	0.00	2450.54
非流动资产:				所有者权益			

图 3-74　资产负债表

任务四、市场占有率

通常,企业的销售绩效并不能反映其相对于其他竞争企业经营状况如何。如果企业销售额增加了,可能是由于企业所处的整个经济环境的发展,或者是因为其市场营销工作较其竞争对手相对有改善。市场占有率正是剔除了一般的环境影响来考察企业本身的经营工作状况。如果企业的市场占有率升高,表明它较其竞争对手的情况更好;如果市场占有率下降,说明相对于竞争对手其绩效较差。

市场占有率是指在一定的时期内,企业所经营的商品在其市场的销售量或销售额占同类商品销售量或销售额的比重。在网店模拟运营中,卖家可以按照经营时间查询所经营的商品在各类人群中的市场占有率,如图 3-75 所示。

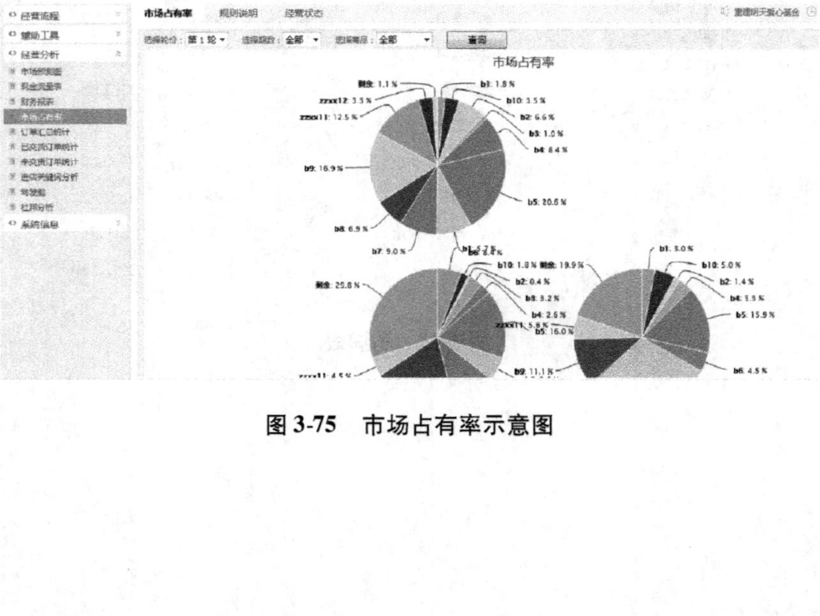

图 3-75　市场占有率示意图

了解企业市场占有率之后，需要分析市场占有率变动的原因。在网店模拟运营中，市场占有率指标按销售数量统计，反映企业在市场中销售商品的能力。其分析可以在两个方向上展开，一是横向分析，二是纵向分析。横向分析是对同一期间各企业市场占有率的数据进行对比，用于确定某企业在本期（轮）的市场地位。纵向分析是对同一企业不同时期（轮）市场占有率的数据进行对比，由此可以看出企业历年来市场占有率的变化，反映企业成长的历程。

任务五、订单分析

1. 订单汇总统计

在经营分析模块下，单击“订单汇总统计”选项，进入订单汇总统计设置，在该模块下可以查询店铺订单信息情况，如图 3-76 所示。

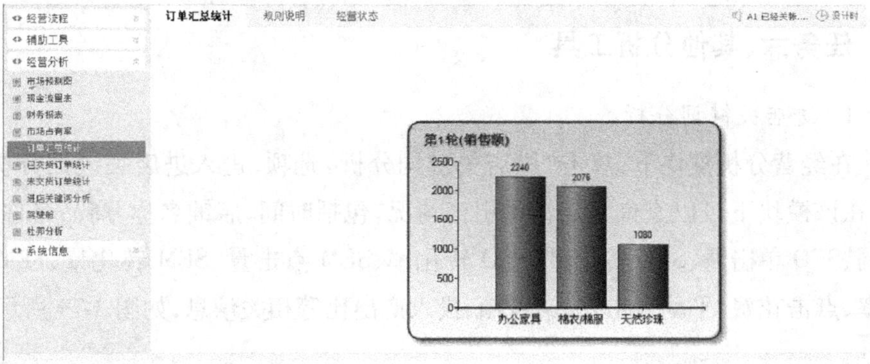

图 3-76　订单汇总统计

2. 已交货订单统计

在经营分析模块下，单击“已交货订单统计”选项，进入已交货订单统计设置，在该模块下可以查询店铺已交货订单信息情况，如图 3-77 所示。

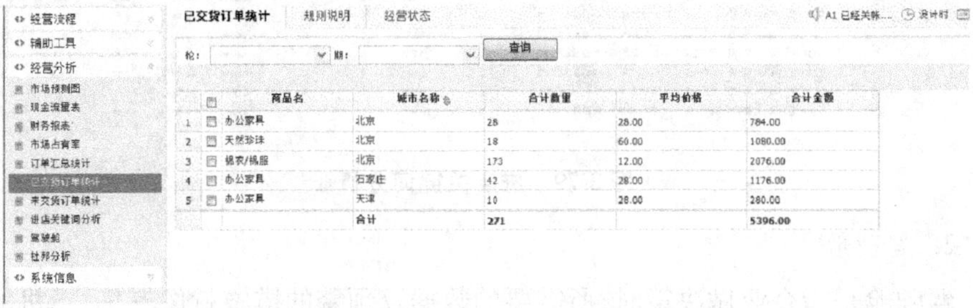

图 3-77　已交货订单统计

3. 未交货订单统计

在经营分析模块下,单击“未交货订单统计”选项,进入未交货订单统计设置,在该模块下可以查询店铺未交货订单信息情况,如图 3-78 所示。

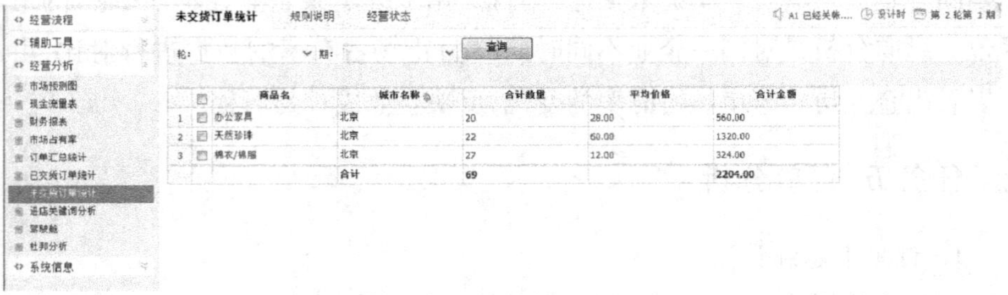

	商品名	城市名称	合计数量	平均价格	合计金额
1	办公家具	北京	20	28.00	560.00
2	天然珍珠	北京	22	60.00	1320.00
3	棉衣/棉服	北京	27	12.00	324.00
		合计	69		2204.00

图 3-78　未交货订单统计

任务六、其他分析工具

1. 进店关键词分析

在经营分析模块下,单击“进店关键词分析”选项,进入进店关键词分析设置,在该模块下可以查询本店铺的引流情况,包括时间、店铺名称、商品名称、关键词、SEO 单击量、SEO 转化量、SEO 转化率、SEM 点击量、SEM 转化量、SEM 转化率、点击花费、平均点击率、销售额、投入产出比等相关信息,如图 3-79 所示。

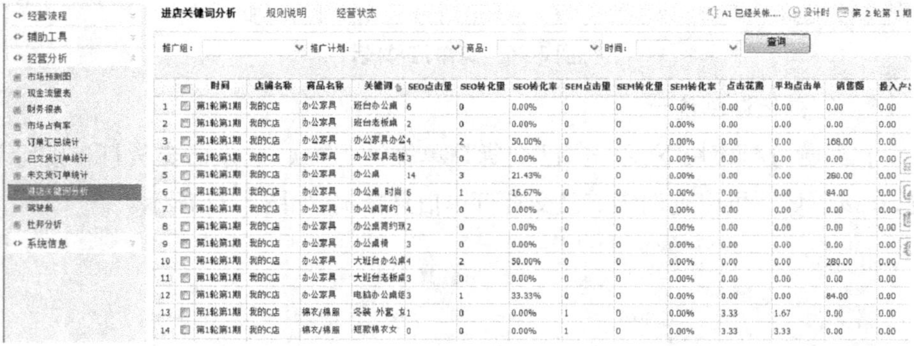

	时间	店铺名称	商品名称	关键词	SEO点击量	SEO转化量	SEO转化率	SEM点击量	SEM转化量	SEM转化率	点击花费	平均点击单	销售额	投入产出
1	第1轮第1期	我的C店	办公家具	班台办公桌	6	0	0.00%	0	0	0.00%	0.00	0.00	0.00	0.00
2	第1轮第1期	我的C店	办公家具	班台老板桌	2	0	0.00%	0	0	0.00%	0.00	0.00	0.00	0.00
3	第1轮第1期	我的C店	办公家具	办公家具办公	4	2	50.00%	0	0	0.00%	0.00	0.00	168.00	0.00
4	第1轮第1期	我的C店	办公家具	办公家具老板	3	0	0.00%	0	0	0.00%	0.00	0.00	0.00	0.00
5	第1轮第1期	我的C店	办公家具	办公桌	14	3	21.43%	0	0	0.00%	0.00	0.00	280.00	0.00
6	第1轮第1期	我的C店	办公家具	办公桌 时尚	6	1	16.67%	0	0	0.00%	0.00	0.00	84.00	0.00
7	第1轮第1期	我的C店	办公家具	办公桌简约	4	0	0.00%	0	0	0.00%	0.00	0.00	0.00	0.00
8	第1轮第1期	我的C店	办公家具	办公桌简约现	2	0	0.00%	0	0	0.00%	0.00	0.00	0.00	0.00
9	第1轮第1期	我的C店	办公家具	办公桌椅	3	0	0.00%	0	0	0.00%	0.00	0.00	0.00	0.00
10	第1轮第1期	我的C店	办公家具	大班台办公桌	4	2	50.00%	0	0	0.00%	0.00	0.00	280.00	0.00
11	第1轮第1期	我的C店	办公家具	大班台老板桌	3	0	0.00%	0	0	0.00%	0.00	0.00	0.00	0.00
12	第1轮第1期	我的C店	办公家具	电脑办公桌矩	3	1	33.33%	0	0	0.00%	0.00	0.00	84.00	0.00
13	第1轮第1期	我的C店	棉衣/棉服	冬装 外套 女	1	0	0.00%	1	0	0.00%	3.33	1.67	0.00	0.00
14	第1轮第1期	我的C店	棉衣/棉服	短款棉衣女	0	0	0.00%	1	0	0.00%	3.33	3.33	0.00	0.00

图 3-79　进店关键词分析

2. 驾驶舱

驾驶舱是指企业做决策时,所需要的数据及预警的措施就像汽车/飞机的仪表盘展现,随时显示关键业务的数据指标及执行情况。在网店模拟运营中,驾驶舱主要包含当前现金、负债率、各轮销售额趋势、人均利润率趋势和累计营业收入成本分析,通过详尽的指标体系,实时反映企业的运行状态,将采集的数据形象化、直观化、具体化,如图 3-80 所示。

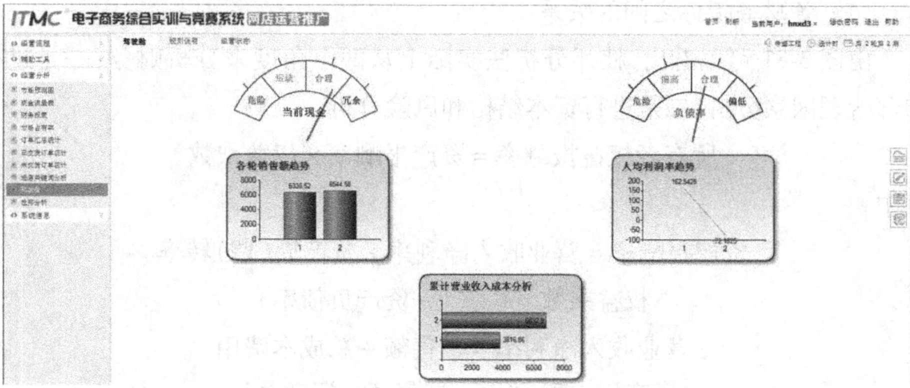

图 3-80　驾驶舱

3. 杜邦分析

杜邦财务分析体系最初是由美国杜邦公司的经理创造的,故称为杜邦系统(The Du Pont System)。杜邦分析体系是利用各个主要财务比率之间的内在联系,综合地分析和评价企业财务状况和盈利能力的方法。它是以所有者权益报酬率为龙头、以总资产报酬率为核心的完整的财务指标分析体系。网店模拟运营系统杜邦分析体系如图 3-81 所示。

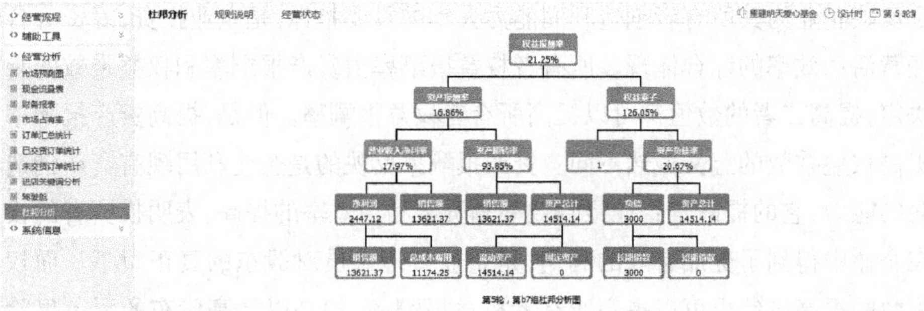

图 3-81　杜邦分析体系

不同的财务比率之间存在各种各样的相互关联,揭示和发现这种关系,有利于人们更深入地分析不同企业间的财务比率为什么会有差异,造成企业某些财务比率不佳的直接原因是什么。杜邦财务分析体系就是通过几种主要的财务比率之间的相互关系，全面、系统、直观地反映出企业的财务状况和经营业绩，并揭示企业财务结构中所存在的问题和隐患，为内部管理者和外部投资者分析财务报表节省了时间。

(1) 各财务指标之间的关系

由图3-81可以看出，杜邦分析法实际上从两个角度来分析财务：一是进行内部管理因素分析；二是进行资本结构和风险分析。

$$所有者权益报酬率 = 资产报酬率 \times 权益乘数$$

其中，

$$资产报酬率 = 营业收入净利率 \times 资产周(期)转率$$

$$权益乘数 = 1 \div (1 - 资产负债率)$$

$$营业收入净利率 = 销售额 \div 总成本费用$$

$$资产周(期)转率 = 销售额 \div 资产总计$$

$$资产负债率 = 负债 \div 资产总计$$

$$负债 = 长期借款 + 短期借款(短贷和民间融资)$$

因此，又有

$$所有者权益报酬率 = 营业收入净利率 \times 资产周(期)转率 \times 权益乘数$$

(2) 杜邦分析图提供的主要财务指标关系的信息

① 所有者权益报酬率分析

所有者权益报酬率是一个综合性最强的财务比率，是杜邦分析体系的核心，是反映企业为其所有者创造利润能力大小的重要指标，是企业投资、筹资等各种经营活动效率的综合体现。所有者权益报酬率由资产报酬率和权益乘数的乘积决定，提高二者的数值都可以提高所有者权益报酬率。但是，提高资产报酬率与提高权益乘数的意义截然不同。资产报酬率反映的是企业利用现有资产创造利润的能力，它的提高是企业经营效率和资金利用效率的提高，表明投资者的投入在企业中得到了更加有效的利用，是企业管理人员对股东的真正贡献。而权益乘数的提高虽然也可以提高所有者权益报酬率，却是以提高股东的财务风险为代价的，因此它对提高股东权益价值的贡献不大，甚至可能起到相反的作用。

② 权益乘数分析

权益乘数表示企业的负债程度。权益乘数越大，企业的负债程度越高。权益乘数既能给企业带来较大的杠杆利益，也给企业带来较大的风险。当市场上的资金成本率低于企业的投资收益率时，企业应加大负债经营的比重，使企业获得较高的财务杠杆收益。但企业也会因此承担较高的财务风险，因为如果市场条件一旦恶化，即当市场上的资金成本率高于企业的投资收益率时，企业将会负担较重的利息和面临不能按期还债的危机。所以，权益乘数对企业来说是把双刃剑。

③ 资产报酬率分析

资产报酬率是反映企业经营效率和盈利能力最重要的指标，它体现了企业全部资产的盈利能力和创新能力。资产报酬率由营业收入净利润率和总资产周转率的乘积决定，它的大小取决于营业收入净利润率和资产周转率（期）。因此，提高资产报酬率可以从提高营业收入净利润率和资产周转率（期）两方面入手。提高营业收入净利润率又可从两方面入手：一是提高销售额，二是降低销售成本和各种费用支出。提高资产周转率（期）实际上是要在资产总额不变的情况下提高营业收入，同样需要从两方面入手：一是降低单位商品成本，从而在资产周转期不变的情况下减少单位商品占用的资产，使同样的资产可以产生更多的营业收入；二是提高各类资产的周转率，缩短商品占用资产的时间，创造更多的营业收入。

④ 营业收入净利润率分析

营业收入净利润率反映了企业净利润与营业收入之间的关系。一般来说，营业收入增加，企业的净利润也会随之增加，但要想提高销售净利润率，必须一方面提高营业收入，同时降低各种成本费用，这样才能使净利润的增长高于营业收入的增长，从而使销售净利润率得到提高。由此可见，提高营业收入净利润率必须在两个方面下功夫。一方面，开拓销售渠道，增加营业收入。在市场经济中，企业必须深入调查研究市场情况，了解市场的供需状况。在战略上，从长远利益出发，尽力上架新商品；在策略上，保证商品的销售渠道，开拓B店，努力提高市场占有率。另一方面，加强成本费用控制，降低耗费，增加利润。利用杜邦系统，可以分析企业的成本费用是否合理，以便发现企业在成本费用方面存在的问题，为加强成本费用管理提供依据。企业要想在激烈的市场竞争中立于不败之地，不仅要在营销与商品销售类目上下功夫，还要尽可能降低商品的成本，这样才能增强商品在市场上的竞争力。同时，要严格控制企业的管理费用、财务费用等各种期间费用，降低耗费，增加利润。如果企业所承担的利息费用过高，就应该进一步分析企业的资金结构是否合理,负债比率是否过高,因为不合理的资金结构也会影响企业所有者权益。

⑤ 资产状况分析

一方面是分析企业的资产结构是否合理,如流动资产与固定资产的比例是否合理,其不仅关系到企业的偿债能力,而且影响企业的获利能力。一般来说,流动资产直接体现企业的偿债能力和变现能力,而长期资产则体现企业的经营规模、盈利潜力等。合理的资产结构表现为企业对流动性与盈利性的兼顾,不偏颇。企业资产一般要求保持一定的流动性,如果流动资产比例过高,表明企业的资产没有被有效地使用,这种流动性的维持可能是以企业盈利能力的下降为代价而实现的。企业要及时发现流动资产中闲置资产的具体种类,到底是现金持有量过大出现现金闲置的现象,还是流动资产中存货和应收账款过多影响了企业的资金周转。另外,还应该分析企业固定资产中经营性固定资产与非经营性固定资产的比例。顾名思义,非经营性固定资产是指没有投入生产经营的固定资产,必然不会给企业带来收益。在总资产中非经营性固定资产的比例过高,将会影响企业的盈利能力。所以,在总资产不变的情况下,要尽可能减少非经营性固定资产的比例和数额。

另一方面是结合营业收入,分析企业的资产周转情况。资产周转速度直接影响企业的盈利能力,如果企业资产周转较慢,就会占用大量资金,减少企业的利润。对资产周转情况的分析,不仅要分析企业总资产周转率,更要分析企业的存货周转率和应收账款周转率等有关各资产组成部分的使用效率,判断影响资产周转的主要问题出在哪里。

项目四　网店模拟运营的战略分析

学习目标

1. 理解企业经营的本质，掌握网店生存、发展和盈利法则。
2. 掌握 13 种商品的生命周期，把握市场走势，制作市场分析报告。
3. 掌握 13 种商品的特征，对店铺进行商品准确定位，掌握 4 类人群的规律。
4. 理解关键词的优化规则，掌握 SEM 关键词推广规则，提高转化率。
5. 理解引流的规则，掌握店铺的促销手段。

模块一　经营环境分析

在理解了经营规则，明确了经营目标之后，企业还需要认识自身所处的经营环境，并正确评估企业在群体博弈中所处的位置，只有这样企业才能够制订并运用恰当的竞争策略来实现其经营目标。

任务一、经营环境分析的重要性

1. 了解市场整体经济环境，有利于经营策略的制订

在网店模拟运营中，经营者通过分析数据魔方中各类商品的信息，掌握每个时期的市场需求，从而衡量市场整体环境的好坏。同时，数据魔方给出每一种商品不同人群的市场需求及市场期望价格，有利于经营者制订总体经营战略及各部门经营策略。

2. 分析市场竞争的激烈程度，有利于风险控制

在经营过程中，经营者通过查看企业信息、排行榜、商城及市场占有率等信

息来判断各企业商品销售的价格策略、促销策略等,从而判断竞争对手的经营意图、经营风格及人群竞争的激烈程度,以此来分析市场竞争状况,为企业调整经营策略提供依据。

3. 分析环境有利于发现并把握市场机会

在经营过程中,经营者要善于发现并抓住市场机会。例如,经营者需要随时关注竞争对手价格策略,并根据历史销售数据对本企业的销售策略进行适当调整,以增加交易机会,获得新的市场份额。

任务二、经营环境分析的内容

经营初期,各经营团队的经营策略可以说既是明确的,又是模糊的。之所以说经营者策略是明确的,是因为各经营团队在开展经营活动之前,经营者一般会具备经营的基本思路,大致制订几套基本的经营方案,以避免经营过程中乱了阵脚。之所以说经营策略是模糊的,是由于经营尚未开始,经营者对市场信息及竞争对手的信息尚未知,对经营环境缺乏了解,因此具体的经营策略很难提前确定。此外,在经营过程中,竞争环境不断变化,也需要经营者根据环境的变化适时、适当地调整企业经营策略。

在网店模拟经营过程中,按照经营过程的推进,经营团队可从以下三方面分析经营环境。

1. 经营初期的环境分析

(1) 竞争对手实力预估

合理预估竞争对手的实力,一方面有利于经营者调整好自身的经营心态,做到经营过程中遇事不慌乱。另一方面有利于经营者对前期经营策略的合理决策,例如,若预估竞争对手实力不强,则企业在扩张速度上可以更积极;若预估竞争对手实力相对较强,则企业在扩张速度上偏向保守。当然,即便竞争对手实力不强,为降低不可预见的风险,企业在初期保守经营比较稳妥。

(2) 分析各人群市场的需求量及价格水平

对各类消费群体需求量的分析,有助于经营者选择目标市场,制订合适的营销策略。

2. 经营过程中的环境分析

这一阶段的环境分析将贯穿于企业整个经营期,包括从第一轮经营开始至第五轮经营结束，尤其是第一轮和第二轮的经营期，各种经营策略变化较多，市场竞争环境不确定性较大，因此更需要经营者关注竞争对手的经营策略，以便寻求企业发展机会。

（1）关注各组的经营状态

具体来看，经营者要关注竞争对手的价格策略、慈善策略、人群策略等。一是了解各组的价格策略，经营者可在“辅助工具”中的“ITMC 商城”查看各组的定价、促销情况，从而推断各组的价格策略及销售意图，特别是媒体招标开始时，相关数据可以看得最清晰；二是关注各小组的慈善策略，特别是第一轮第一期，经营者可在“辅助工具”中的“排行榜”和“企业信息”查看各小组的慈善情况，了解各小组的慈善投标金额，从而判断哪些小组主打综合评价人群；三是关注各组的人群策略，经营者通过慈善信息及“经营分析”中的“市场占有率”，可确定各小组的主打销售人群和经营策略。

（2）寻求各商品消费人群的市场机会。各商品在零售市场上均有4类消费群体，企业经营过程中应适当关注各类消费群体的市场机会。通常在经营的第一轮、第二轮，由于需要关注的市场信息量并不大，各企业都有比较充裕的时间关注各类消费群体的交易情况，并与对手展开竞争。但在经营中后期，随着市场信息量加大，在有限的经营时间里，有些企业往往无暇顾及对交易细节的分析，因此经营者应该在经营过程中有针对性地关注一些交易细节，寻求交易机会。

3. 每轮经营结束后的环境分析

每轮经营结束后，各企业应将重点放在对各模拟企业财务报表、市场占有率的分析上。经营者通过对财务报表数据的分析，并对各组经营绩效、发展潜力、竞争态势等进行预测，为下一轮经营策略的制订提供参考。

（1）各组财务报表分析

从财务报表中可以分析各模拟企业的经营状态，如可以获得各模拟企业的盈亏情况、商品库存情况、现金、贷款情况、权益等，掌握这些信息有利于了解各模拟企业的竞争地位及发展潜力。

（2）竞争态势分析

由于市场容量有限，企业经营过程中难免破产，破产的企业越多，则后期的存活企业的竞争程度越小。影响竞争程度的因素还包括各企业的市场占有率、商品库存、综合指数、SEO 和 SEM 的转化率等。因此，每轮结束后，经营者需要分析竞争局面,了解剩余企业的数量和现有企业的所有者权益高低、商品库存、市场占有率、资金状况等因素,为下一轮的竞争态势进行预测。

(3) 综合指数分析

企业经营者需要时时关注各企业的综合指数,一方面,企业综合指数的高低直接影响综合人群的交易;另一方面,企业综合指数的高低也会影响其他人群的成交,特别是在前两轮。

企业综合指数的计算公式为

综合评价指数 =(卖家企业信誉度/整个市场总企业信誉度) ×140 +
(卖家店铺总人气/整个市场店铺总人气) ×60 +
(卖家企业总的媒体影响力/整个市场总媒体影响力) ×100 +
(卖家社会慈善/整个市场社会总慈善) ×100 +
(卖家店铺视觉值/整个市场店铺总视觉值) ×100 +
卖家 B 店开设情况(完成为 20,未完成为 0) +
卖家办公场所所在城市影响力 +
卖家员工经验值 +
卖家员工业务能力

可见,在企业原始积累的前两轮,综合指数主要和卖家企业信誉度、卖家店铺总人气、卖家社会慈善、卖家员工经验值、卖家员工业务能力等有密切关系。特别是卖家企业信誉度、卖家店铺总人气和卖家社会慈善对综合指数的影响占主导地位。

(4) 发展潜力分析

判定企业的发展潜力,需要综合考虑企业的整体经营状况,其中有三个指标比较重要:一是企业的综合指数,综合指数高有利于企业扩大综合人群的销售比例,获得高额的利润;二是企业所有者权益,所有者权益高说明企业前期经营业绩较好,且企业的融资能力较强;三是企业的商品库存,库存量说明企业可供销售的商品数量多少,如果商品数量多且企业能够把商品销售出去,则该企业一般具备较强的成长力。

任务三、商品生命周期

市场是企业运转的核心,对市场精确、敏感的把握是决定模拟企业经营所用策略的根本，只有明白市场的特点，才能让计划更有针对性，才能在这个基础上分析对手的思路，最后决定用什么样的策略。比如，销售什么商品，主打哪一类人群，开局是什么，最终目标是什么等。

作为公司的市场总监肩负的责任巨大，市场分析预测的准确性关系到企业日后的经营效益，若一个决策失误，轻则带给企业一定的损失，重则导致企业破产。下面以模拟 10 组市场为例，分析不同商品对于不同人群的需求量变化和价格走势。

商品生命周期是指商品从进入市场开始，直到最终退出市场为止所经历的市场生命循环过程，也就是商品的市场寿命，商品退出市场，则标志着生命周期的结束。

在企业模拟经营过程中，各模拟企业需要在规定的时间内经营 5 轮 10 期，随着时间的推移，经营过程一共出现 13 种商品，商品进入市场后，它的销售量和利润都会随时间的推移而改变，呈现一个由少到多再到少的过程，这就是商品的生命周期，如表 4-1 所示。

表 4-1　模拟企业经营中商品的生命周期

商品生命周期	1－1	1－2	2－1	2－2	3－1	3－2	4－1	4－2	5－1	5－2
办公家具										
电风扇										
棉衣										
天然珍珠										
货架										
空调										
毛衣										
琥珀										
服装店家具										
扫地机										
马夹										
翡翠										
吸尘器										

注：阴影部分表示该产品开始和结束销售的周期。

任务四、商品需求预测分析

1. 市场预测

市场预测是企业市场营销活动中不可缺少的环节，其预测结果的准确性将对企业经营决策的成败起到至关重要的作用。因此，经营一家企业需要熟悉自身的业务范围，了解竞争对手和市场信息，特别是在模拟运营之前，对系统公布的市场预测图要细心研究，测算未来一定时期内的市场供求趋势，从而为企业的营销决策提供科学的依据。根据系统给出的各商品数据预测图，制作经营周期内13种商品的价格预测表（见表4-2）和数量预测表（见表4-3），以便了解各商品的大致走势。

表4-2 商品价格预测表

元/件

商品＼时期	1-1	1-2	2-1	2-2	3-1	3-2	4-1	4-2	5-1	5-2
办公家具	30.1	29.87	29.37	28.42	27.89	27.54				
电风扇	30.22	27.71	25.68	23.44	21.87	19.84				
棉衣	12.16	11.55	11.08	10.63	10.31	10	9.5	9.15		
天然珍珠	60.46	60.29	58.94	58.42	57.8	57.02	56.58	56.28	56.19	
货架		36.2	33.18	31.05	28.14	26.31	24.1	22.26	20.47	
空调扇			36.25	32.42	29.4	26.41	24.06	21.33	19.46	17.35
毛衣				18.09	17.55	16.64	16.02	15.57	14.92	14.15
天然琥珀					78.99	74.33	70.45	67.88	64.44	61.15
服装店家具						48.56	44.44	40.87	38.77	35.32
扫地机							42.43	38.75	34.67	30.65
马夹								18.14	17.67	16.78
翡翠									60.44	58.12
吸尘器										48.66

表 4-3　各商品的需求数量预测表

件

商品＼时期	1－1	1－2	2－1	2－2	3－1	3－2	4－1	4－2	5－1	5－2
办公家具	302	314	290	231	134					
电风扇	304	320	302	241	140					
棉衣	609	630	614	550	482	358	189			
天然珍珠	120	155	178	187	185	172	148	100	62	
货架		187	214	224	234	218	178	145	78	
空调扇			184	231	224	219	192	146	86	
毛衣				304	332	341	333	306	275	192
天然琥珀					121	157	187	232	206	208
服装店家具						180	210	234	254	267
扫地机							122	157	183	276
马夹								184	223	374
翡翠									123	133
吸尘器										182

从上述表中可以看出，市场上的商品在不断进行更新换代，新的商品总会取代旧的商品，而每种商品在它的流行期间都会经历一个凸形的需求模型，从出现到黄金时期，再到被其他商品取代。

2．数据魔方

通过数据魔方平台，卖家可以直接获取行业不同类目商品的市场需求信息及基于大数据的关键词的相关数据信息。卖家可以通过数据魔方进行市场分析定位，并分析每个关键词的相关数据来优化商品标题，提升搜索排名，进而制订自己的经营策略。

经营开始时数据魔方给出办公家具、电风扇、棉衣/棉服和天然珍珠的需求城市、市场平均价格、各类人群的具体需求数量（品牌人群、综合人群、低价人群和犹豫不定人群）。需要注意的是，市场预测图提供的只是该商品在本次经营活动过程中的大致走势，其与实际需求数量还是有一定差距的，实际经营时各卖家应该以数据魔方提供的数值为准。

模块二 网店定位分析

根据现代营销理论,市场定位涉及三个层次的定位:商品定位、人群定位和公司定位。但是,对于刚刚涉足网上交易的卖家来说,急需解决的是网店定位问题。对网店进行市场定位的过程就是寻找网店差别化的过程,即寻找差别、识别差别和显示差别的过程。

所谓市场定位,就是根据目标市场上同类商品的竞争状况,针对买家对该类商品某种属性的重视程度,并结合自身的情况,为自己的店铺及所经营的商品塑造有针对性的、强有力的、与众不同的鲜明个性或形象,并将这种个性或形象生动有力地传递给目标顾客,求得顾客认同,从而使得顾客能快速地在众多网店中找到自己的店铺。市场定位的实质是使自己的网店与其他网店区分开来,并且使顾客能够明显感觉和认识到这种差别,从而在顾客心中占有特殊的地位。

任务一、市场定位的方式与原则

1. 市场定位方式

网店市场定位实际上是一种竞争策略,它显示了一种商品或一个网店与同类商品或同类网店之间的竞争关系。对网店的定位方式不同,它的竞争态势也不同。网店市场定位方式主要有以下几种,如表4-4所示。

表4-4 网店市场定位方式

定位方式	具体分析
小本经营 避开竞争	这是一种避开强有力的竞争对手的市场定位。优点是能够迅速在市场上站稳脚跟,并能在目标顾客群心中迅速树立起自己网店的形象。由于这种定位方式市场风险比较小,成功率较高,常常为大多数新手卖家所采用。新手卖家往往采取保守的定价策略,控制自己的资金链,比较容易存活,但是不容易取得更好的成绩。
直接竞争 抢占先机	这是一种与市场上最强的竞争对手直接竞争的定位方式,是一种危险战术,很容易导致失败,但一旦成功就会取得巨大的市场优势。在经营开局阶段一般采用高价秒杀和低价策略,无论是高价秒杀还是低价策略,目的都是获得人气和综合指数。这种方式资金需求较大,风险高,若操作不当则容易破产,但是一旦成功,就会取得丰厚的回报。
前期观察 后期发力	通常是指对销量不高、商品绩效低的商品进行二次定位。这种定位旨在摆脱困境,重新获得市场份额和利润。这种方式为了避免开局的激烈竞争,采用保守策略,后期发力,要求企业决策者具有很好的市场判断能力和分析能力。

2. 市场定位原则

准确的市场定位是要掌握各类人群成交的原则,使自己提供的商品满足特定人群的需求。在进行市场定位时要遵循以下原则:

(1) 有一定的市场规模

目标市场必须有一定的市场规模,有足够的需求量,因为规模小的目标市场购买力也相对小,利润较低,如果投资过大,则会得不偿失。

(2) 有度量的标准

定位选择的细分标准应该是可以衡量的,很难度量的标准是不可用的。它们有着相同的消费需求和类似的消费行为。

(3) 市场要有精准的范围

目标市场内的潜在目标顾客必须具备几个基本相同的条件,如人群成交规则,这样才能明确划分出目标市场的范围。

(4) 市场应该保持稳定

定位后的目标市场应该在一定时期内保持相对稳定,这样有利于经营者制订一些中长期的营销策略,保持稳定的利润。

任务二、商品分析与定位

1. 商品分析

在对市场进行分析后,模拟企业同样要对各个类目的商品有精确、敏感的把握,只有分析出每类商品的特点,才能让计划更有针对性,并在这个基础上分析竞争对手的思路,最后决定企业采用哪一种策略。

(1) 商品需求数量特征

在虚拟的市场中,模拟买家对商品数量的需求上,生活必需品大于奢侈品,如对棉衣的需求比对珍珠的需求大。但生活必需品的流行周期比奢侈品短,也就是说奢侈品的保值能力更强(见表4-1)。

(2) 购买力决定商品需求

购买力决定了商品需求。例如,办公家具、棉衣、毛衣等成本较低,相应地,销售价格就较低。所以,办公家具等商品对消费者的购买力要求就相对较低,在流行时需求数量就会相对较大。

（3）商品具有生命周期

所有商品都具有特定的流行趋势，一般来讲是一个凸形的模型。消费者总是对新鲜事物感兴趣，在所有商品的需求模型中，最高点一般在商品出现的第二期，后期市场出现替代品的时候，就会分流现有商品对消费者的吸引力，从而导致对该商品的需求持续下滑。

2. 商品定位

在实际经营过程中，很多人将经营不善归结为销售订单太少、SEM推广费用太高、站外媒体费用太高、贷款能力不够等，但这些往往是表面现象，商品定位容易被忽视，很多团队在经营不顺利的情况下仍然按照原来的思路操作，这就导致该进入的商品市场没有进入，该放弃的商品没有放弃，甚至到经营结束时，仍然没有明白为什么没有获得利润。

企业模拟经营的精髓在于深刻体验并理解网店运营中“采、供、销、人、财、物”之间的逻辑关系，从而引申到对计划、决策、战略、流程和团队合作等方面知识的认识。如不能透彻剖析各种商品的定位，度量每个商品对企业的贡献，并随时修正经营方向，将会使得企业经营陷入混乱。

任务三、目标人群定位

模拟买家是商品的消费者，是店铺创造最大收益的根本来源。没有顾客网店就不会有销售额，也就不会有利润，谁能留住顾客，谁就能获利，就能赢得更多的顾客，就能获得更大的市场。

目标人群是指目标顾客群体，例如商品所面对的终端潜在顾客群体就是目标人群，目标人群定位就是要留住的顾客群体。开店初期，首先要解决的是卖什么和卖给谁的问题，也就是找商品和找顾客，而商品决定了消费的顾客群体，同时顾客的群体特征也决定了他们要购买什么商品。确立目标顾客群体后，就可以深入地分析顾客群体，了解他们的购物习惯，针对顾客的购物习惯进行产品定位，从而赢得顾客群体。

网店模拟系统给出了4类顾客人群，分别是综合评价人群、品牌人群、犹豫不定人群和低价人群。人群的成交顺序是：品牌人群→低价人群→综合评价人群→犹豫不定人群。在具体的模拟经营中，可以有以下几种策略进行选择：

1. 单一产品策略

单一产品策略即企业只销售一种商品，并向某一特定的顾客群体提供该商品。由于没有一种商品的生命周期包含5轮经营周期，因此该策略在模拟运营过程中可行性不高，不建议使用，如表4-5所示。

表4-5　单一产品策略

人群 \ 商品	办公家具	电风扇	棉衣	珍珠	货架	空调	毛衣	琥珀	服装店家具	扫地机	马夹	翡翠	吸尘器
品牌人群													
低价人群													
综合评价人群													
犹豫不定人群													

注：阴影部分表示该企业只针对棉衣做低价人群的销售。

2. 有选择的专门化策略

有选择的专门化策略即选择若干人群，这些人群符合公司发展需要且能从他们身上获取利益。由于没有一种商品的生命周期包含5轮经营周期，为了保证网店长期盈利，在原商品生命周期结束前，可以用新商品替代原商品继续实施有选择的专门化策略，如表4-6所示。

表4-6　有选择的专门化策略

人群 \ 商品	办公家具	电风扇	棉衣	珍珠	货架	空调	毛衣	琥珀	服装店家具	扫地机	马夹	翡翠	吸尘器
品牌人群													
低价人群													
综合评价人群													
犹豫不定人群													

注：阴影部分表示该企业针对珍珠、琥珀、翡翠三种可替代商品做综合评价人群和犹豫不定人群的销售。

3. 市场专门化策略

为满足某类顾客群体的各种需要，实行同一类销售策略，即市场专门化策略，如表 4-7 所示。

表 4-7　市场专门化策略

人群＼商品	办公家具	电风扇	棉衣	珍珠	货架	空调	毛衣	琥珀	服装店家具	扫地机	马夹	翡翠	吸尘器
品牌人群													
低价人群													
综合评价人群													
犹豫不定人群													

注：阴影部分表示该企业针对所有商品做低价人群的销售。

4. 商品专门化策略

商品专门化策略即模拟经营企业向各类顾客群体集中销售一种商品。由于没有一种商品的生命周期同时包含 5 轮经营周期，为了保证策略的实施，在原商品生命周期结束前，用新的商品取代原来的商品继续实施商品专门化策略，如表 4-8 所示。

表 4-8　商品专门化策略

人群＼商品	办公家具	电风扇	棉衣	珍珠	货架	空调	毛衣	琥珀	服装店家具	扫地机	马夹	翡翠	吸尘器
品牌人群													
低价人群													
综合评价人群													
犹豫不定人群													

注：阴影部分表示该企业针对电风扇和空调做所有人群的销售。

5. 完全覆盖所有人群策略

该策略用各种商品满足各类顾客群体的需要，如表 4-9 所示。

表 4-9　完全覆盖所有人群策略

商品 / 人群	办公家具	电风扇	棉衣	珍珠	货架	空调	毛衣	琥珀	服装店家具	扫地机	马夹	翡翠	吸尘器
品牌人群													
低价人群													
综合评价人群													
犹豫不定人群													

注:阴影部分表示该企业针对所有商品所有人群的销售。

模块三　营销推广策略

任务一、关键词优化

各个模拟企业开始经营的时候,经常出现店铺没有流量,根本原因是忽视了最基本的搜索引擎优化中最基础的商品标题优化,也就是关键词优化(SEO),所以各模拟企业要做的就是从基础的商品标题优化开始。

1. 商品标题优化的重要性

标题优化的重要性从日常网购中就能体现。当打开淘宝网或其他网购平台看着琳琅满目的商品时也许会犯愁,因为不知道自己需要的商品在哪里,这时候会想到直接搜索需要的商品。在搜索时,一定会想到的是商品的名称或属性,而商品的名称和属性就是 SEO 标题。

SEO 标题优化是网店搜索排名优化的一部分,标题优化的好处是提高搜索展现量,让商品充分展示在顾客眼前。标题优化,具体来说就是对店铺商品的标题进行符合规则的优化,使之能够在众多同类商品中排名靠前,增加曝光、点击量,以提升转化率的过程。

标题优化主要包括标题长度的控制、关键字分布、关键字词频、关键字组合技巧等。在店铺搜索中,标题优化尤其重要,不过在优化时还要注意网店运营的规则。

SEO 标题优化的重要性有以下几点:

① 可以从系统搜索那里获得大量流量。

② 排名相对稳定,流量相对稳定。

③ 搜索商品标题进入的流量都是优质的。

④ 从系统搜索那里获得的流量都是免费的。

⑤ 做好商品标题优化,在实际经营中更得心应手,因为原理是一样的。

2. 标题优化规则

前面已经介绍了商品标题优化的好处。那么在做商品标题时,不一定就是关键词越多越好,标题越长越好。商品标题优化的规则及搜索规律如下:

(1) 商品标题编写原则

① 标题要尽量简单直接,突出卖点。要让买家即使瞄一眼,也能知道商品的特点,知道它是一件什么商品。

② 每个商品标题最多有 7 个关键词,每个关键词最少 2 个字,并限定在 10 个字以内,如果所设关键词超过 7 个,则保存前 7 个。

(2) 商品标题的编写规范

① 标题中不要故意堆砌一些无关的词。

② 避免使用大量的类似/重复标题。尽量让商品标题多样化,多加些商品的关键词。

③ 不要使用特殊符号,关键词之间用分号隔开。

3. 关键词组合策略

关键词的优化组合可构成热销的商品标题。把收集的关键词组合成商品标题需要注意以下几点:

(1) 关键词的分类

一级关键词:一般由 2 ~3 个字组成。其优点是搜索量巨大,缺点是竞争度也很大。例如,男装、空调、棉衣、珍珠等。

二级关键词:一般由 4 ~5 个字组成。其优点是搜索量比较大,缺点是竞争度也比较大。例如,文件柜钢、衣架落地、棉衣女装、制冷空调等。

长尾关键词:一般由 5 个字或多个词组合。其优点是精准度高、竞争较小,缺点是搜索量不大。例如,天然琥珀耳环、棉衣女装清仓、网吧电脑桌椅等。

顶级关键词:精准搜索。其优点是精准度高、竞争小,且容易排名靠前;缺点是比较难找。例如,文件柜铁皮柜书柜、铁皮柜文件柜抽屉、美的电风扇落地扇、珍珠养殖淡水珍珠白色、天然琥珀蜜蜡手链等。

（2）关键词组合方式

一般情况下，标题可以按照以下方式组合：营销关键词＋意向性关键词＋属性卖点词＋类目关键词＋长尾关键词。

营销关键词，如包邮、特价、卖疯了、皇冠信誉、正品。

意向性关键词，如雪纺连衣裙、小码女装、NIKE 篮球鞋。

属性卖点词，如休闲、修身、收腰。

类目关键词，手机类如 iPhone 6，女装类如羊绒衫。

4. 流量获取

自然流量又称为主动流量，如何获得网店的自然流量，是每个卖家都极其关注的问题，因为它关系到店铺能否正常运行。想要获得自然搜索流量，最便捷的方法就是获得好的排名，而要获得好的排名就需要了解排名规则。

基于某关键词的模拟买家的一次搜索，设 N 为组数，SEO 商品排名得分前 $0.6\times N$ 名卖家的商品会被展现，数据魔方的该关键词的展现量会加 $0.6\times N$（不足 $0.6\times N$ 家时为实际家数），前 $0.6\times N$ 名卖家的商品的展现量会各加 1。SEO 商品排名得分前 $0.4\times N$ 名的卖家的商品会被点击，数据魔方的该关键词的点击量会加 $0.4\times N$（不足 $0.4\times N$ 家时为实际家数），前 $0.4\times N$ 名卖家的商品的点击量会各加 1。模拟买家按照本次模拟搜索代表人群（4 类人群的一种）的成交条件与 SEO 商品排名进入前 $0.4\times N$ 名的卖家进行撮合交易，如果有符合条件的会有一个订单成交，数据魔方的该关键词的转化量会加 1，该卖家商品的转化量会加 1。

SEO 商品排名得分如图 4-1 所示。

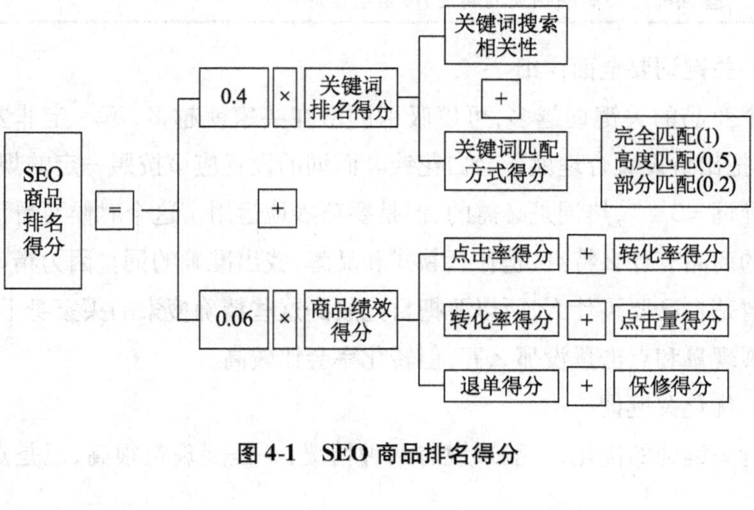

图 4-1 SEO 商品排名得分

任务二、关键词推广

直通车(SEM)是一个非常好的引流工具,在商品销量比较小的情况下,自然搜索流量比较少,想获得更多展现或更多的流量可以使用直通车。直通车相当于搜索引擎的竞价排名,通过付费的方式,可以获得更好的展示机会。同搜索引擎竞价排名一样,卖家可以针对每个竞价词自由定价,同时可以看到排名位置,并按照实际被点击次数付费。

1. 关键词的设置

直通车作为网店运营平台的一个精准营销工具,其核心就是围绕关键词来展开的。直通车关键词一直是一个重点和难点,关键词设置得好不仅能让流量飞升,而且能大大降低直通车的费用。所以,网店运营的经营者需要重视。

通常,在优化一个直通车账户时可把关键词分为三类,如表 4-10 所示。

表 4-10　SEM 关键词分类

类别	具体分析
精准词	能非常精准地体现买家的购买意图,但是搜索量非常少。
热门词	搜索量非常大,与商品也很相关,同时竞争非常激烈,转化率不错,这类词主要以商品名词为主。
广泛词	这类词最容易被卖家忽略,或者是不敢用,或者是用了很浪费钱。这些关键词分为三类:一类是流行词,如母亲节、情人节,这些词是根据某些节日或当前流行的词设定的,特点是周期很短,只在某个时期的搜索量非常大;另一类是热搜词,如包邮、新款等,这些词都有很大的搜索量;最后一类是属性词,如纯棉、修身等,这些词都是与商品相关的属性,搜索量也非常大。

(1) 关键词要全面详细

每个商品的关键词越多,可以吸引的潜在买家就越多,不一定非要排第一位,只要把出价设置合理就不会白花钱。而词的设置应该按照一定的规则,即热词∶精准词 = 3∶7,热词是必需的,但是要巧妙地运用。这个时候要看清楚自己要推广的商品有什么特点、是什么款式和品牌,找出准确的词。因为精确搜索的买家更清楚自己要买什么,所以要把目光放到这些精确搜索的买家身上,可能关键词的展现量和点击量没那么高,但转化率会比较高。

(2) 优化关键词

进行关键词的优化,一般来说有两种情况:一是展现量很高,但是点击量很低;二是关键词的出价太低,导致没有展现量和点击量。这种可能性也非常大,很多卖家找了很多精准词但是因出价太低,导致排名太靠后,没有机会展现,这个时候就要适当地提高出价。

(3) 选择关键词的技巧

买家搜索了关键词并点击类目之后,还会通过一些属性进行筛选。如果商品与买家选择的属性相符,那么该商品排名会更靠前,这个筛选功能又让关键词更加精准了一步。所以一定要把商品的属性全部完善,这样才可以增加商品的展现机会,让更多的人搜索到。

2. 流量获取

在应用直通车时,不要盲目,而是要理性、有针对性地去做。直通车推广是一个长期坚持的过程,需要卖家付出大量的心血去经营,但是有很多卖家常常忙于店铺的规划,没有时间和精力进行直通车推广的调整,导致出现直通车浪费钱的现象。

基于某关键词的模拟买家的一次搜索,SEM 商品排名得分前 $0.4\times N$ 名的卖家的商品会被展现,数据魔方的该关键词的展现量会加 $0.4\times N$(不足 $0.4\times N$ 家时为实际家数),前 $0.4\times N$ 名卖家的商品的展现量会各加 1。SEM 商品排名得分前 $0.3\times N$ 名的卖家的商品会被点击,数据魔方的该关键词的点击量会加 $0.3\times N$(不足 $0.3\times N$ 家时为实际家数),前 $0.3\times N$ 名卖家的商品的点击量会各加 1。模拟买家按照本次模拟搜索代表人群(4 类人群的一种)的成交条件与 SEM 商品排名进入前 $0.3\times N$ 名的卖家进行撮合交易,如果有符合条件的会有一个订单成交,数据魔方的该关键词的转化量会加 1,该卖家商品的转化量会加 1。

卖家实际为某个 SEM 关键词的一次点击所付的费用
= 该关键词排名下一名的竞价价格 ×(下一名的质量得分/该关键词的质量得分) + 0.01

SEM 商品排名得分如图 4-2 所示。

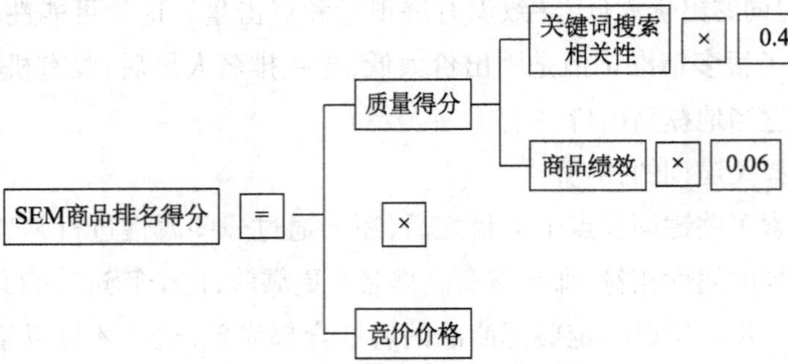

图 4-2　SEM 商品排名得分

任务三、站外推广

站外推广就是通过对企业网络营销站点的宣传吸引用户访问，同时树立企业网上品牌形象，为企业营销目标的实现打下坚实的基础。

品牌人群流量来源是站外媒体引流。根据公司经营需求，卖家可以对已经筹建完成的 B 店发布的商品，选择央视、网络广告联盟、百度三种媒体中的一种或多种进行推广，用来吸引品牌人群的购买需求，增加店铺人气及商品人气。

1. 成交规则

品牌人群成交规则：通过媒体影响力、商品一口价、商品评价及城市影响力计算出品牌人群成交指数，根据买家对物流方式、发票、售后服务的要求确定具备成交资格的卖家，从而计算出每个具备成交资格的卖家的品牌人群成交百分比（即卖家在订单交易过程中获得订单的概率），系统根据品牌人群成交百分比确定成交卖家。

2. 计算方法

品牌人群成交指数 =（媒体影响力/市场总媒体影响力）×60 +
商品均价/（商品一口价 + 商品均价）×10 +
（商品评价/符合要求的卖家商品评价）×20 +
（城市影响力/符合要求的卖家城市影响力）×10

品牌人群成交百分比 = 品牌人群成交指数/符合要求的品牌人群成交指数之和

3. 成交条件

卖家若想具备成交资格，其商品必须做站外推广，卖家商品必须为 B 店的商品，卖家企业信誉度不能为负数，必须支持买家对物流方式、售后服务的要求，有概率为15%的顾客需要售后服务。

任务四、店内促销

通过这种方式，在短期内激励买家进行购买，以达到扩大销售的目的。卖家策划促销活动有以下几方面的作用：

1. 缩短商品入市的进程

新品促销是一种常见的手段，它可以使新品很快地打开市场。当新品有了购买的记录后，人气就积累起来，从而更快地增加销量，被更多的买家所接受。人们都有从众心理，看到交易记录为0，即使自己喜欢，但没有看到别人购买，就容易怀疑自己的眼光或怀疑商品的质量、价格而犹豫不决，一旦有很多人购买就很容易打消顾虑。

2. 激励买家初次购买，达到使用目的

一般而言，促销都是让利给买家，这样的让利并非时时都有，往往会给人“机不可失，时不再来”的感觉，利用买家怕错失良机的心理，促使他们尽快决定尝试购买。

3. 提高销量

网店的业绩越好，信誉越高，购买记录就越多，而购买记录越多，越容易卖出商品。现在很多买家十分重视店铺信誉，信誉高的店铺比信誉低的店铺更容易卖出商品。

店内促销活动是运营网店最基本的促销活动，在网店模拟运营的系统中常见的促销工具有团购、秒杀、套餐及其他促销手段（如满就送、多买折扣、买第几件折扣）。

需要注意的是，直通车可以增加卖家店铺的人流量，满就送、多买折扣、买第几件折扣等促销方式的效果比较小，仅限于让顾客进入店铺，顾客只有看到促销信息并对其感兴趣才会产生效果，所以这些促销方式真正的意义不是提高流量而是促进消费者的购买欲望。借助秒杀可以给网店聚集大量的人气，但如果秒杀后的成交价格过低的话，则会产生大量的0账期订单，反而对网店经营带来巨大的负面影响。

项目五　网店模拟运营轮度

学习目标

1. 理解市场需求，掌握各个经营环节的具体操作。
2. 读懂市场规则，掌握调查竞争对手的方法。
3. 理解市场分析，掌握寻找市场的突破口，准确预算。
4. 完成各轮模拟运营，树立全局观念，把握细节，提升业绩。
5. 掌握利润、得分影响因素，有效使用经营策略和技巧。

模块一　第一轮经营

模拟企业运营应该严格遵守运营的规则，按照一定的流程来进行。为了更好地运营网店，各个团队应当做好预测、决策、预算、计划、控制、核算、分析等工作。预测、决策、预算、计划工作应该在每轮经营结束后、下轮运营之前进行，目的是使经营有序进行，防止出现意外。控制主要是在运营中，根据运营流程和事先的计划进行日常活动。核算是在经营结束后对当轮的经济情况进行盘点，编制各种报表，反映当期的经营情况和轮末的财务状况。分析主要是在经营结束后，根据运营的结果与计划进行比较，找出差异并分析原因，以便后期更好地运营。

很多团队在初次接触网店模拟运营系统时，往往不知道该如何操作，常常出现手忙脚乱的情况。现在就结合网店模拟运营的规则，分轮次进行模拟运营。

任务一、第一轮第一期经营

1. 第一轮第一期规划

各网店运营团队召开新的一期规划会议，网店的管理层需要根据对经营环节分析，制订或调整企业的战略，做出经营规划、投资方案和营销策划方案等，填写第一轮第一期计划书，如表 5-1 所示。

表 5-1　第一轮第一期计划书

类别	内容	具体分析
本轮经营目标	经营效果	
经营规划	业务计划	
	投资方案	
	营销策划	
计划落实记录		

2. 开始运营

(1) 数据魔方分析

数据魔方为卖家提供不同类目商品的市场需求信息，即某类商品在不同城市的市场平均价格及 4 类不同需求人群的市场需求数量和基于大数据的关键词的相关数据信息，如表 5-2 所示。

表 5-2　第一轮第一期市场需求数据

商品名称	需求城市	市场平均价格	品牌人群需求数量	综合评价人群需求数量	低价人群需求数量	犹豫不定人群需求数量
办公家具	北京	28.3		10	19	10
	石家庄	29.5		12	17	11
	天津	27.5		12	19	12
	广州	30.2		13	16	10
	长沙	29.5		13	17	12

续表

商品名称	需求城市	市场平均价格	品牌人群需求数量	综合评价人群需求数量	低价人群需求数量	犹豫不定人群需求数量
电风扇	北京	30.3		10	22	12
	石家庄	28.6		12	19	9
	天津	29.9		12	20	10
	广州	28.3		11	18	11
	长沙	28.7		13	18	12
天然珍珠	北京	58		10	19	13
	石家庄	60.5		11	18	12
棉衣	北京	12.84		67	135	84
	石家庄	11.16		58	134	76

注:① 本部分的市场数据是基于某次经营10人组的数据,仅供参考,具体数据以实际经营数据为准。

② 所有数据单位省略不写。

(2)供货市场分析

在网店模拟运营中,一旦确定经营组数,每期的市场供应数值也是确定不变的,第一轮第一期市场供给数据如表5-3所示。

表5-3 第一轮第一期市场供给数据

公司	商品	促销方式	数量	单位体积	最低价格
黄金电子城	电风扇	数量大于50,信誉度大于50,享受账期0,享受折扣0.95	450	5	5
时尚服装厂	棉衣	数量大于150,信誉度大于50,享受账期0,享受折扣0.90	900	3	2
中意家具城	办公家具	数量大于200,信誉度大于150,享受账期0,享受折扣0.85	450	10	5
周大福珠宝商	天然珍珠	数量大于100,信誉度大于80,享受账期0,享受折扣0.85	180	2	10

(3)经营活动

按照经营操作顺序进行具体的经营活动,并将活动情况分别记录在表5-4、表5-5、表5-6和表5-7中。

表 5-4　第一轮第一期采购计划表

商品	采购数量	采购价格	采购预计资金	单位体积	预计体积	配送中心
电风扇				5		
棉衣				3		
办公家具				10		
天然珍珠				2		
合计						

表 5-5　第一轮第一期资金预算表

序号	按顺序操作各项,在金额一栏填写需求计划			
	项目	具体开支目录	表达式	金额
期初	期初资金		+	
1	办公场所设立	改建、搬迁、租赁费,建筑维修费	−	
2	配送中心设立	改建、搬迁、租赁费,建筑维修费	−	
3	店铺开设	B 店筹建	−	
4	网店装修	网店装修模板选择	−	
5	采购投标	商品采购	−	
6	SEM 推广	推广保证金	−	
7	站外推广	媒体推广	−	
8	货物出库	物流费	−	
9	短贷/民间融资	短期借贷	+	
	还本付息	利息	−	
10	支付工资	工资	−	
11	支付相关费用	租赁费、维修费、库存管理费、行政管理费、售后服务费	−	
12	慈善	捐款	−	
轮末	交税	税费	−	
	长贷	长期贷款	+	
	还本付息	利息	−	
借贷资金需求合计				
经营资金需求合计				

表 5-6　第一轮第一期运营活动记录表

序号	按顺序执行下列各项操作，每操作完一项，店长在相应的空格内画"√"		
	经营项目	操作要点	第一期
期初	新期规划会议	店长召集团队召开轮度规划会议	
	数据魔方分析	分析商品市场需求数据	
1	办公场所设立	办公城市、办公室类型选择，员工招聘	
2	配送中心设立	配送中心城市、类型选择与租赁，员工招聘	
3	店铺开设	C 店开设、B 店筹建	
4	网店装修	网店装修模板选择	
5	采购投标	商品采购	
6	商品入库	商品入库	
7	商品发布	填写商品基本信息、商品物流信息及售后保障信息、发布商品	
8	SEO 优化	搜索引擎优化、优化标题关键词，每个商品最多 7 个关键词	
9	SEM 推广	搜索引擎推广，设置所销售商品相关的关键词的竞价价格	
10	SEM 管理	根据推广计划，针对每种商品可以设计不同的推广组	
11	团购	设置某种商品的团购活动	
12	秒杀	设置某种商品的秒杀活动	
13	套餐	设置某种商品的套餐活动	
14	促销	设置某种商品的促销活动	
15	站外推广	选择央视、网络广告联盟、百度三种媒体中的一种或多种进行推广	
16	订单分发	将订单进行整理、分类后，根据到达城市，选择适当的配送中心准备出库	
17	物流选择	将已经指定配送中心的订单进行整理、分类，选择适当的物流方式准备出库	
18	货物出库	根据订单的到货期限，合理安排商品出库	
19	货物签收	根据不同物流方式的运输周期，对在订单要求的到货期限之内到达的订单实施签收	
20	应收账款/应付账款	更新应收或应付账款账期，接收或支付本期到期的应收账款和应付账款	

续表

序号	按顺序执行下列各项操作，每操作完一项，店长在相应的空格内画“√”		
	经营项目	操作要点	第一期
21	短贷/还本付息	更新短期贷款、获得新的贷款、还本付息	
22	支付工资	按期支付员工的工资	
23	支付相关费用	按期支付相应的租赁费、维修费、库存管理费、行政管理费、售后服务费	
24	慈善	捐款	
轮末	交税	交纳税款	
	长贷/还本付息	更新长期贷款、获得新的贷款、支付利息、还本付息	
	关账	每轮运营结束，轮末关账	

表 5-7　第一轮第一期库存管理表

商品	库存数量	所在仓库	未发订单数量	差额
办公家具				
电风扇				
棉衣				
天然珍珠				

（4）第一期期末相关报表

期末结束，对第一期的运营情况进行总结，填写表 5-8、表 5-9、表 5-10、表 5-11 和表 5-12。

表 5-8　第一轮第一期产品核算表

商品	销售数量	销售额	成本	毛利
办公家具				
电风扇				
棉衣				
天然珍珠				
合计				

表 5-9　第一轮第一期现金流量表

<table>
<tr><td>序号</td><td colspan="4">按顺序执行下列各项操作,在相应的空格内填入现金变动</td></tr>
<tr><td rowspan="2">期初</td><td>项目</td><td>具体开支目录</td><td>表达式</td><td>金额</td></tr>
<tr><td colspan="2">期初资金</td><td>+</td><td></td></tr>
<tr><td>1</td><td>办公场所设立</td><td>改建、搬迁、租赁费,建筑维修费</td><td>-</td><td></td></tr>
<tr><td>2</td><td>配送中心设立</td><td>改建、搬迁、租赁费,建筑维修费</td><td>-</td><td></td></tr>
<tr><td>3</td><td>店铺开设</td><td>B 店筹建</td><td>-</td><td></td></tr>
<tr><td>4</td><td>网店装修</td><td>网店装修模板选择</td><td>-</td><td></td></tr>
<tr><td>5</td><td>采购投标</td><td>商品采购</td><td>-</td><td></td></tr>
<tr><td>6</td><td>SEM 推广</td><td>推广保证金(充值)</td><td>-</td><td></td></tr>
<tr><td>7</td><td>站外推广</td><td>媒体推广(投标)</td><td>-</td><td></td></tr>
<tr><td>8</td><td>货物出库</td><td>物流费</td><td>-</td><td></td></tr>
<tr><td>9</td><td>货物签收</td><td>回款资金</td><td>+</td><td></td></tr>
<tr><td>10</td><td>短贷/民间融资</td><td>贷款</td><td>+</td><td></td></tr>
<tr><td>11</td><td>还本付息</td><td>利息</td><td>-</td><td></td></tr>
<tr><td>12</td><td>支付工资</td><td>工资</td><td>-</td><td></td></tr>
<tr><td>13</td><td>支付相关费用</td><td>租赁费、维修费、库存管理费、行政管理费、售后服务费</td><td>-</td><td></td></tr>
<tr><td>14</td><td>慈善</td><td>捐款</td><td>-</td><td></td></tr>
<tr><td rowspan="3">轮末</td><td>交税</td><td>税费</td><td>-</td><td></td></tr>
<tr><td>长贷</td><td>长期贷款</td><td>+</td><td></td></tr>
<tr><td>还本付息</td><td>利息</td><td>-</td><td></td></tr>
<tr><td colspan="3">合计</td><td>=</td><td></td></tr>
</table>

表 5-10　第一轮第一期市场分析表

<table>
<tr><td colspan="2" rowspan="2">目标群体</td><td colspan="10">各小组市场占有率</td></tr>
<tr><td>ST1</td><td>ST2</td><td>ST3</td><td>ST4</td><td>ST5</td><td>ST6</td><td>ST7</td><td>ST8</td><td>ST9</td><td>ST10</td></tr>
<tr><td rowspan="5">品牌人群</td><td>办公家具</td><td></td><td></td><td></td><td></td><td></td><td></td><td></td><td></td><td></td><td></td></tr>
<tr><td>电风扇</td><td></td><td></td><td></td><td></td><td></td><td></td><td></td><td></td><td></td><td></td></tr>
<tr><td>棉衣</td><td></td><td></td><td></td><td></td><td></td><td></td><td></td><td></td><td></td><td></td></tr>
<tr><td>天然珍珠</td><td></td><td></td><td></td><td></td><td></td><td></td><td></td><td></td><td></td><td></td></tr>
<tr><td>总占比</td><td></td><td></td><td></td><td></td><td></td><td></td><td></td><td></td><td></td><td></td></tr>
</table>

续表

目标群体		各小组市场占有率									
		ST1	ST2	ST3	ST4	ST5	ST6	ST7	ST8	ST9	ST10
低价人群	办公家具										
	电风扇										
	棉衣										
	天然珍珠										
	总占比										
综合评价人群	办公家具										
	电风扇										
	棉衣										
	天然珍珠										
	总占比										
犹豫不定人群	办公家具										
	电风扇										
	棉衣										
	天然珍珠										
	总占比										

注:阴影部分表示该期品牌人群没有需求。

表 5-11　第一轮第一期末企业信息表

企业信誉度		班级企业信誉度	
店铺总人气		班级店铺总人气	
总媒体影响力		班级总媒体影响力	
社会慈善		班级社会总慈善	
店铺视觉值		班级店铺视觉值	
B2C 模式		班级办公场所驻地影响	
员工经验值		班级员工业务能力	

表 5-12　第一轮第一期排行榜

各小组	ST1	ST2	ST3	ST4	ST5	ST6	ST7	ST8	ST9	ST10
净利润										
总资产										
慈善										

任务二、第一轮第二期经营

1. 第一轮第二期规划

各网店运营团队召开新的一轮规划会议,网店的管理层需要根据第一轮第一期经营环节和竞争对手的分析做出相应的调整,填写第一轮第二期计划书,如表5-13所示。

表5-13　第一轮第二期计划书

类别	内容	具体分析
本轮经营目标	经营效果	
经营规划	业务计划	
	投资方案	
	营销策划	
计划落实记录		

2. 开始运营

(1) 数据魔方分析

数据魔方为卖家提供不同类目商品的市场需求信息,即某类商品在不同城市的市场平均价格及4类不同需求人群的市场需求数量和基于大数据的关键词的相关数据信息,如表5-14所示。

表5-14　第一轮第二期市场需求数据

商品名称	需求城市	市场平均价格	品牌人群需求数量	综合评价人群需求数量	低价人群需求数量	犹豫不定人群需求数量
货架	天津	38.38		22	26	15
	石家庄	36.36		21	26	16
	北京	38.16		18	25	16
办公家具	北京	31.46		32	42	26
	石家庄	30.58		29	44	27
	天津	30.87		32	45	30

续表

商品名称	需求城市	市场平均价格	品牌人群需求数量	综合评价人群需求数量	低价人群需求数量	犹豫不定人群需求数量
电风扇	北京	25.12		28	44	28
	石家庄	26.22		31	47	29
	天津	25.94		29	52	30
天然珍珠	北京	59.04		17	34	20
	石家庄	55.24		21	39	21
棉衣	北京	11.75		112	142	85
	石家庄	12.56		89	139	80

（2）供货市场分析

在网店模拟运营中,一旦确定经营组数,每期的市场供应数值也是确定不变的,第一轮第二期市场供给数据如表5-15所示。

表5-15　第一轮第二期市场供给数据

公司	商品	促销方式	数量	单位体积	最低价格
黄金电子城	电风扇	数量大于100,信誉度大于100,享受账期0,享受折扣0.90	480	5	5
时尚服装厂	棉衣	数量大于160,信誉度大于150,享受账期0,享受折扣0.85	933	3	2
中意家具城	货架	数量大于50,信誉度大于50,享受账期0,享受折扣0.95	270	10	6
中意家具城	办公家具	数量大于100,信誉度大于100,享受账期0,享受折扣0.90	468	10	5
周大福珠宝商	天然珍珠	数量大于100,信誉度大于100,享受账期0,享受折扣0.90	231	2	10

（3）经营活动

按照经营操作顺序进行具体的经营活动,并将活动情况记录在表5-16、表5-17、表5-18、表5-18和表5-20中。

表 5-16　第一轮第二期间谍活动表

各小组		ST1	ST2	ST3	ST4	ST5	ST6	ST7	ST8	ST9	ST10
定价、数量	电风扇										
	棉衣										
	货架										
	办公家具										
	天然珍珠										
促销策略											

表 5-17　第一轮第二期采购计划表

商品	采购数量	采购价格	采购预计资金	单位体积	预计体积	配送中心
电风扇				5		
棉衣				3		
货架				10		
办公家具				10		
天然珍珠				2		
合计						

表 5-18　第一轮第二期资金预算表

序号	按顺序操作各项，在金额一栏填写需求计划			
	项目	具体开支目录	表达式	金额
期初	期初资金		+	
1	办公场所设立	改建、搬迁、租赁费，建筑维修费	−	
2	配送中心设立	改建、搬迁、租赁费，建筑维修费	−	
3	店铺开设	B 店筹建	−	
4	网店装修	网店装修模板选择	−	
5	采购投标	商品采购	−	
6	SEM 推广	推广保证金	−	
7	站外推广	媒体推广	−	
8	货物出库	物流费	−	

续表

序号	按顺序操作各项，在金额一栏填写需求计划			
	项目	具体开支目录	表达式	金额
9	短贷/民间融资	短期借贷	+	
	还本付息	利息	−	
10	支付工资	工资	−	
11	支付相关费用	租赁费、维修费、库存管理费、行政管理费、售后服务费	−	
12	慈善	捐款	−	
轮末	交税	税费	−	
	长贷	长期贷款	+	
	还本付息	利息	−	
借贷资金需求合计				
经营资金需求合计				

表 5-19　第一轮第二期运营活动记录表

序号	按顺序执行下列各项操作，每操作完一项，店长在相应的空格内画“√”		
	经营项目	操作要点	第一期
期初	新期规划会议	店长召集团队召开轮度规划会议	
	数据魔方分析	分析商品市场需求数据	
1	办公场所设立	办公城市、办公室类型选择，员工招聘	
2	配送中心设立	配送中心城市、类型选择与租赁，员工招聘	
3	店铺开设	B 店筹建	
4	网店装修	网店装修模板选择	
5	采购投标	商品采购	
6	商品入库	商品入库	
7	商品发布	填写商品基本信息、商品物流信息及售后保障信息、发布商品	
8	SEO 优化	搜索引擎优化、优化标题关键词，每个商品最多 7 个关键词	

续表

序号	按顺序执行下列各项操作，每操作完一项，店长在相应的空格内画“√”		
	经营项目	操作要点	第一期
9	SEM 推广	搜索引擎推广，设置所销售商品相关的关键词的竞价价格	
10	SEM 管理	根据推广计划，针对每种商品可以设计不同的推广组	
11	团购	设置某种商品的团购活动	
12	秒杀	设置某种商品的秒杀活动	
13	套餐	设置某种商品的套餐活动	
14	促销	设置某种商品的促销活动	
15	站外推广	选择央视、网络广告联盟、百度三种媒体中的一种或多种进行推广	
16	订单分发	将订单进行整理、分类后，根据到达城市，选择适当的配送中心准备出库	
17	物流选择	将已经指定配送中心的订单进行整理、分类，选择适当的物流方式准备出库	
18	货物出库	根据订单的到货期限，合理安排商品出库	
19	货物签收	根据不同物流方式的运输周期，对在订单要求的到货期限之内到达的订单实施签收	
20	应收账款/应付账款	更新应收或应付账款账期，接收或支付本期到期的应收账款和应付账款	
21	短贷/还本付息	更新短期贷款、获得新的贷款、还本付息	
22	支付工资	按期支付员工的工资	
23	支付相关费用	按期支付相应的租赁费、维修费、库存管理费、行政管理费、售后服务费	
24	慈善	捐款	
轮末	交税	交纳税款	
	长贷/还本付息	更新长期贷款、获得新的贷款、支付利息、还本付息	
	关账	每轮运营结束，轮末关账	

表 5-20　第一轮第二期库存管理表

商品	库存数量	所在仓库	未发订单数量	差额
办公家具				
电风扇				
棉衣				
天然珍珠				
货架				

（4）第一轮末相关报表

轮末结束，对第一轮的运营情况进行总结，填写表 5-21、表 5-22、表 5-23、表 5-24 和表 5-25。

表 5-21　第一轮第二期产品核算表

商品	销售数量	销售额	成本	毛利
办公家具				
电风扇				
棉衣				
天然珍珠				
货架				
合计				

表 5-22　第一轮第二期现金流量表

序号	按顺序执行下列各项操作，在相应的空格内填入现金变动			
期初	项目	具体开支目录	表达式	金额
	期初资金		+	
1	办公场所设立	改建、搬迁、租赁费，建筑维修费	-	
2	配送中心设立	改建、搬迁、租赁费，建筑维修费	-	
3	店铺开设	B 店筹建	-	
4	网店装修	网店装修模板选择	-	
5	采购投标	商品采购	-	
6	SEM 推广	推广保证金（充值）	-	

续表

序号	按顺序执行下列各项操作，在相应的空格内填入现金变动			
期初	项目	具体开支目录	表达式	金额
	期初资金		+	
7	站外推广	媒体推广(投标)	-	
8	货物出库	物流费	-	
9	货物签收	回款资金	+	
10	短贷/民间融资	贷款	+	
11	还本付息	利息	-	
12	支付工资	工资	-	
13	支付相关费用	租赁费、维修费、库存管理费、行政管理费、售后服务费	-	
14	慈善	捐款	-	
轮末	交税	税费	-	
	长贷	长期贷款	+	
	还本付息	利息	-	
合计				

表 5-23　第一轮第二期市场分析表

目标群体		各小组市场占有率									
		ST1	ST2	ST3	ST4	ST5	ST6	ST7	ST8	ST9	ST10
品牌人群	办公家具										
	电风扇										
	棉衣										
	天然珍珠										
	货架										
	总占比										

续表

目标群体		各小组市场占有率									
		ST1	ST2	ST3	ST4	ST5	ST6	ST7	ST8	ST9	ST10
低价人群	办公家具										
	电风扇										
	棉衣										
	天然珍珠										
	货架										
	总占比										
综合评价人群	办公家具										
	电风扇										
	棉衣										
	天然珍珠										
	货架										
	总占比										
犹豫不定人群	办公家具										
	电风扇										
	棉衣										
	天然珍珠										
	货架										
	总占比										

注:阴影部分表示该期品牌人群没有需求。

表 5-24　第一轮第二期末企业信息

企业信誉度		班级企业信誉度	
店铺总人气		班级店铺总人气	
总媒体影响力		班级总媒体影响力	
社会慈善		班级社会总慈善	
店铺视觉值		班级店铺视觉值	
B2C 模式		班级办公场所驻地影响	
员工经验值		班级员工业务能力	

表 5-25 第一轮第二期末排行榜

各小组	ST1	ST2	ST3	ST4	ST5	ST6	ST7	ST8	ST9	ST10
净利润										
总资产										
慈善										

任务三、第一轮轮末总结研讨

轮末团队总结是非常重要的一个环节,在模拟运营的各个环节,都需要多个岗位的共同协作,仅靠一个人很难完成如此复杂的任务。只有团队中各个队员团结一心,形成有效的合力,才能克服困难,解决各种问题。

在团队形成有效的合作之后,轮末要根据经营的情况进行具体的分析,找出存在的问题,为下一轮更好地发展提供基础。

1. 财务分析

根据网店模拟经营情况,填写财务报表,见表 5-26 和表 5-27。

表 5-26 第一轮利润表

项目	表达式	上轮值	当轮值
营业收入	+	0.00	
营业成本	-	0.00	
营业税金及附加	-	0.00	
销售费用	-	0.00	
管理费用	-	0.00	
财务费用	-	0.00	
营业利润	=	0.00	
营业外收入	+	0.00	
营业外支出	-	0.00	
利润总额	=	0.00	
所得税费用	-	0.00	
净利润	=	0.00	

表 5-27　第一轮资产负债表

项目	表达式	上轮值	当轮值	项目	表达式	上轮值	当轮值
流动资产				流动负债			
货币资金	+		500	短期贷款	+		
其他应收款	+			应收账款	+		
应收账款	+			预收账款	+		
存货				应交税费	+		
原材料	+			流动负债合计	=		
在途物资	+			非流动负债			
库存商品	+			长期贷款	+		
发出商品	+			非流动负债合计	=		
流动资产合计	=		500	负债合计	=		
非流动资产				所有者权益			
固定资产原价				实收资本	+		500
土地和建筑	+			未分配利润	+		
机器和设备	+						
累计折旧	-						
固定资产账面价值	=						
在建工程	+						
非流动资产合计	=			所有者权益合计	=		500
资产总计	=		500	负债和所有者权益总计	=		500

2. 队员述职，总结问题

运营结束后，团队的每个成员都要根据自己的岗位职责进行述职，具体要求如下：

（1）店长组织本轮度的述职工作。

（2）每个角色本着实事求是的原则，就自己的岗位职责进行述职，找出问题，分享经验。

（3）时间每个人限定 1 分钟，全部工作完成在 10 分钟以内。

（4）根据述职情况，填写表 5-28。

表 5-28 第一轮总结与反思

1. 计划完成情况如何?
2. 企业运营遇到了哪些问题?
3. 下一轮准备如何经营?
4. 通过本轮经营,每个人学到了什么?

模块二 第二轮经营

任务一、第二轮第一期经营

1. 第二轮第一期规划

各网店运营团队召开新的一期规划会议,网店的管理层需要根据对经营环节分析,制订或调整企业的战略,做出经营规划、投资方案和营销策划方案等,填写第二轮第一期计划书,如表 5-29 所示。

表 5-29 第二轮第一期计划书

类别	内容	具体分析
本轮经营目标	经营效果	
经营规划	业务计划	
	投资方案	
	营销策划	
计划落实记录		

2. 开始运营

(1) 数据魔方分析

数据魔方为卖家提供不同类目商品的市场需求信息,即某类商品在不同城市的市场平均价格及4类不同需求人群的市场需求数量和基于大数据的关键词的相关数据信息,如表5-30所示。

表5-30 第二轮第一期市场需求数据

商品名称	需求城市	市场平均价格	品牌人群需求数量	综合评价人群需求数量	低价人群需求数量	犹豫不定人群需求数量
货架	天津	34.11		23	29	19
	石家庄	35.11		19	29	17
	北京	30.14		15	33	20
办公家具	北京	29.66		28	41	24
	石家庄	29.95		28	35	25
	天津	27.65		23	43	27
电风扇	北京	26.01		26	46	24
	石家庄	24.48		26	44	26
	天津	24.33		23	51	32
空调扇	北京	33.84		15	24	16
	石家庄	35.64		17	23	15
	天津	37.80		16	25	14
天然珍珠	北京	55.27		20	39	23
	石家庄	58.21		24	35	22
棉衣	北京	10.60		88	137	79
	石家庄	11.48		90	140	81

(2) 供货市场分析

在网店模拟运营中,一旦确定经营组数,每期的市场供应数值也是确定不变的,第二轮第一期市场供给数据如表5-31所示。

表 5-31　第二轮第一期市场供给数据

公司	商品	促销方式	数量	单位体积	最低价格
黄金电子城	电风扇	数量大于200,信誉度大于200,享受账期0,享受折扣0.80	450	5	4.25
	空调扇	数量大于200,信誉度大于200,享受账期0,享受折扣0.80	270	6	6.00
时尚服装厂	棉衣	数量大于50,信誉度大于50,享受账期0,享受折扣0.95	912	3	1.84
中意家具城	货架	数量大于300,信誉度大于200,享受账期0,享受折扣0.60	318	10	5.52
	办公家具	数量大于300,信誉度大于200,享受账期0,享受折扣0.60	432	10	4.80
周大福珠宝商	天然珍珠	数量大于50,信誉度大于50,享受账期0,享受折扣0.95	264	2	9.80

(3) 经营活动

按照经营操作顺序进行具体的经营活动,并将活动情况记录在表5-32、表5-33、表5-34、表5-35和表5-36中。

表 5-32　第二轮第一期间谍活动表

各小组		ST1	ST2	ST3	ST4	ST5	ST6	ST7	ST8	ST9	ST10
定价数量	电风扇										
	棉衣										
	货架										
	办公家具										
	天然珍珠										
	空调扇										
促销策略											

表 5-33 第二轮第一期采购计划表

商品	采购数量	采购价格	采购预计资金	单位体积	预计体积	配送中心
电风扇				5		
棉衣				3		
办公家具				10		
天然珍珠				2		
货架				10		
空调扇				6		
合计						

表 5-34 第二轮第一期资金预算表

序号	按顺序操作各项，在金额一栏填写需求计划			
	项目	具体开支目录	表达式	金额
期初	期初资金		+	
1	办公场所设立	改建、搬迁、租赁费，建筑维修费	−	
2	配送中心设立	改建、搬迁、租赁费，建筑维修费	−	
3	店铺开设	B 店筹建	−	
4	网店装修	网店装修模板选择	−	
5	采购投标	商品采购	−	
6	SEM 推广	推广保证金	−	
7	站外推广	媒体推广	−	
8	货物出库	物流费	−	
9	短贷/民间融资	短期借贷	+	
	还本付息	利息	−	
10	支付工资	工资	−	
11	支付相关费用	租赁费、维修费、库存管理费、行政管理费、售后服务费	−	
12	慈善	捐款	−	
轮末	交税	税费	−	
	长贷	长期贷款	+	
	还本付息	利息	−	
借贷资金需求合计				
经营资金需求合计				

表 5-35　第二轮第一期运营活动记录表

序号	按顺序执行下列各项操作，每操作完一项，店长在相应的空格内画"√"		
	经营项目	操作要点	第一期
期初	新期规划会议	店长召集团队召开轮度规划会议	
	数据魔方分析	分析商品市场需求数据	
1	办公场所设立	办公城市、办公室类型选择，员工招聘	
2	配送中心设立	配送中心城市、类型选择与租赁，员工招聘	
3	店铺开设	B 店筹建	
4	网店装修	网店装修模板选择	
5	采购投标	商品采购	
6	商品入库	商品入库	
7	商品发布	填写商品基本信息、商品物流信息及售后保障信息、发布商品	
8	SEO 优化	搜索引擎优化、优化标题关键词，每个商品最多 7 个关键词	
9	SEM 推广	搜索引擎推广，设置所销售商品相关的关键词的竞价价格	
10	SEM 管理	根据推广计划，针对每种商品可以设计不同的推广组	
11	团购	设置某种商品的团购活动	
12	秒杀	设置某种商品的秒杀活动	
13	套餐	设置某种商品的套餐活动	
14	促销	设置某种商品的促销活动	
15	站外推广	选择央视、网络广告联盟、百度三种媒体中的一种或多种进行推广	
16	订单分发	将订单进行整理、分类后，根据到达城市，选择适当的配送中心准备出库	
17	物流选择	将已经指定配送中心的订单进行整理、分类，选择适当的物流方式准备出库	
18	货物出库	根据订单的到货期限，合理安排商品出库	
19	货物签收	根据不同物流方式的运输周期，对在订单要求的到货期限之内到达的订单实施签收	

续表

序号	按顺序执行下列各项操作，每操作完一项，店长在相应的空格内画“√”		
	经营项目	操作要点	第一期
20	应收账款/应付账款	更新应收或应付账款账期，接收或支付本期到期的应收账款和应付账款	
21	短贷/还本付息	更新短期贷款、获得新的贷款、还本付息	
22	支付工资	按期支付员工的工资	
23	支付相关费用	按期支付相应的租赁费、维修费、库存管理费、行政管理费、售后服务费	
24	慈善	捐款	
轮末	交税	交纳税款	
	长贷/还本付息	更新长期贷款、获得新的贷款、支付利息、还本付息	
	关账	每轮运营结束，轮末关账	

表 5-36　第二轮第一期库存管理表

商品	库存数量	所在仓库	未发订单数量	差额
办公家具				
电风扇				
棉衣				
天然珍珠				
货架				
空调扇				

（4）第二轮第一期末相关报表

期末结束，对第二轮第一期的运营情况进行总结，填写表 5-37、表 5-38、表 5-39、表 5-40 和表 5-41。

表 5-37　第二轮第一期产品核算表

商品	销售数量	销售额	成本	毛利
办公家具				
电风扇				

续表

商品	销售数量	销售额	成本	毛利
棉衣				
天然珍珠				
货架				
空调扇				
合计				

表 5-38　第二轮第一期现金流量表

序号	按顺序执行下列各项操作,在相应的空格内填入现金变动			
	项目	具体开支目录	表达式	金额
期初	期初资金		+	
1	办公场所设立	改建、搬迁、租赁费,建筑维修费	-	
2	配送中心设立	改建、搬迁、租赁费,建筑维修费	-	
3	店铺开设	B 店筹建	-	
4	网店装修	网店装修模板选择	-	
5	采购投标	商品采购	-	
6	SEM 推广	推广保证金(充值)	-	
7	站外推广	媒体推广(投标)	-	
8	货物出库	物流费	-	
9	货物签收	回款资金	+	
10	短贷/民间融资	贷款	+	
11	还本付息	利息	-	
12	支付工资	工资	-	
13	支付相关费用	租赁费、维修费、库存管理费、行政管理费、售后服务费	-	
14	慈善	捐款	-	
轮末	交税	税费	-	
	长贷	长期贷款	+	
	还本付息	利息	-	
合计			=	

表 5-39　第二轮第一期市场分析表

目标群体		各小组市场占有率									
		ST1	ST2	ST3	ST4	ST5	ST6	ST7	ST8	ST9	ST10
品牌人群	办公家具										
	电风扇										
	棉衣										
	天然珍珠										
	货架										
	空调扇										
	总占比										
低价人群	办公家具										
	电风扇										
	棉衣										
	天然珍珠										
	货架										
	空调扇										
	总占比										
综合评价人群	办公家具										
	电风扇										
	棉衣										
	天然珍珠										
	货架										
	空调扇										
	总占比										
犹豫不定人群	办公家具										
	电风扇										
	棉衣										
	天然珍珠										
	货架										
	空调扇										
	总占比										

注：阴影部分表示该品牌人群没有需求。

表 5-40　第二轮第一期末企业信息

企业信誉度		班级企业信誉度	
店铺总人气		班级店铺总人气	
总媒体影响力		班级总媒体影响力	
社会慈善		班级社会总慈善	
店铺视觉值		班级店铺视觉值	
B2C 模式		班级办公场所驻地影响	
员工经验值		班级员工业务能力	

表 5-41　第二轮第一期末排行榜

各小组	ST1	ST2	ST3	ST4	ST5	ST6	ST7	ST8	ST9	ST10
净利润										
总资产										
慈善										

任务二、第二轮第二期经营

1. 第二轮第二期规划

各网店运营团队召开新的一期规划会议，网店的管理层需要根据第二轮第一期经营环节分析，制订或调整企业的战略，做出经营规划、投资方案和营销策划方案等，填写第二轮第二期计划书，如表 5-42 所示。

表 5-42　第二轮第二期计划书

类别	内容	具体分析
本轮经营目标	经营效果	
经营规划	业务计划	
	投资方案	
	营销策划	
计划落实记录		

2. 开始运营

(1) 数据魔方分析

数据魔方为卖家提供不同类目商品的市场需求信息，即某类商品在不同城市的市场平均价格及4类不同需求人群的市场需求数量和基于大数据的关键词的相关数据信息,如表5-43所示。

表5-43　第二轮第二期市场需求数据

商品名称	需求城市	市场平均价格	品牌人群需求数量	综合评价人群需求数量	低价人群需求数量	犹豫不定人群需求数量
货架	北京	27.85		16	33	19
	石家庄	29.38		24	34	21
	天津	29.38		19	36	19
办公家具	北京	29.89		22	32	18
	石家庄	25.66		21	36	20
	天津	30.74		25	34	19
电风扇	北京	25.27		26	34	21
	石家庄	21.76		26	33	21
	天津	22.46		19	36	19
空调扇	北京	33.70		21	31	21
	石家庄	34.34		21	27	18
	天津	30.78		17	37	21
天然珍珠	北京	55.29		22	26	16
	石家庄	63.44		15	29	17
	天津	55.29		19	24	16
棉衣	北京	9.61		43	83	47
	石家庄	10.03		55	68	48
	天津	11.30		59	76	45
毛衣	北京	19.26		32	46	29
	石家庄	18.90		32	38	23
	天津	16.74		30	49	25

(2)供货市场分析

在网店模拟运营中,一旦确定经营组数,每期的市场供应数值也是确定不变的，第二轮第二期市场供给数据如表5-44所示。

表5-44 第二轮第二期市场供给数据

公司	商品	促销方式	数量	单位体积	最低价格
黄金电子城	电风扇	数量大于70，信誉度大于60，享受账期0，享受折扣0.90	360	5	3.90
	空调扇	数量大于200，信誉度大于200，享受账期0，享受折扣0.80	316	6	5.40
时尚服装厂	棉衣	数量大于50，信誉度大于50，享受账期0，享受折扣0.95	837	3	1.76
	毛衣	数量大于100，信誉度大于100，享受账期0，享受折扣0.90	450	3	3.00
中意家具城	货架	数量大于100，信誉度大于100，享受账期0，享受折扣0.90	343	10	5.10
	办公家具	数量大于70，信誉度大于60，享受账期0，享受折扣0.90	342	10	4.70
周大福珠宝商	天然珍珠	数量大于50，信誉度大于50，享受账期0，享受折扣0.95	280	2	9.70

（3）经营活动

按照经营操作顺序进行具体的经营活动，并将活动情况记录在表5-45、表5-46、表5-47、表5-48和表5-49中。

表5-45 第二轮第二期间谍活动表

各小组		ST1	ST2	ST3	ST4	ST5	ST6	ST7	ST8	ST9	ST10
定价、数量	电风扇										
	棉衣										
	货架										
	办公家具										
	天然珍珠										
	空调扇										
	毛衣										
促销策略											

表 5-46　第二轮第二期采购计划表

商品	采购数量	采购价格	采购预计资金	单位体积	预计体积	配送中心
电风扇				5		
棉衣				3		
办公家具				10		
天然珍珠				2		
货架				10		
空调扇				6		
毛衣				3		
合计						

表 5-47　第二轮第二期资金预算表

序号	按顺序操作各项,在金额一栏填写需求计划			
	项目	具体开支目录	表达式	金额
期初	期初资金		+	
1	办公场所设立	改建、搬迁、租赁费,建筑维修费	–	
2	配送中心设立	改建、搬迁、租赁费,建筑维修费	–	
3	店铺开设	B 店筹建	–	
4	网店装修	网店装修模板选择	–	
5	采购投标	商品采购	–	
6	SEM 推广	推广保证金	–	
7	站外推广	媒体推广	–	
8	货物出库	物流费	–	
9	短贷/民间融资	短期借贷	+	
	还本付息	利息	–	
10	支付工资	工资	–	
11	支付相关费用	租赁费、维修费、库存管理费、行政管理费、售后服务费	–	
12	慈善	捐款	–	

续表

序号	按顺序操作各项,在金额一栏填写需求计划			
	项目	具体开支目录	表达式	金额
轮末	交税	税费	-	
	长贷	长期贷款	+	
	还本付息	利息	-	
借贷资金需求合计				
经营资金需求合计				

表 5-48　第二轮第二期运营活动记录表

序号	按顺序执行下列各项操作,每操作完一项,店长在相应的空格内画"√"		
	经营项目	操作要点	第一期
期初	新期规划会议	店长召集团队召开轮度规划会议	
	数据魔方分析	分析商品市场需求数据	
1	办公场所设立	办公城市、办公室类型选择,员工招聘	
2	配送中心设立	配送中心城市、类型选择与租赁,员工招聘	
3	店铺开设	B 店筹建	
4	网店装修	网店装修模板选择	
5	采购投标	商品采购	
6	商品入库	商品入库	
7	商品发布	填写商品基本信息、商品物流信息及售后保障信息、发布商品	
8	SEO 优化	搜索引擎优化、优化标题关键词,每个商品最多 7 个关键词	
9	SEM 推广	搜索引擎推广,设置所销售商品相关的关键词的竞价价格	
10	SEM 管理	根据推广计划,针对每种商品可以设计不同的推广组	
11	团购	设置某种商品的团购活动	
12	秒杀	设置某种商品的秒杀活动	
13	套餐	设置某种商品的套餐活动	
14	促销	设置某种商品的促销活动	

续表

序号	按顺序执行下列各项操作，每操作完一项，店长在相应的空格内画"√"		
	经营项目	操作要点	第一期
15	站外推广	选择央视、网络广告联盟、百度三种媒体中的一种或多种进行推广	
16	订单分发	将订单进行整理、分类后，根据到达城市，选择适当的配送中心准备出库	
17	物流选择	将已经指定配送中心的订单进行整理、分类，选择适当的物流方式准备出库	
18	货物出库	根据订单的到货期限，合理安排商品出库	
19	货物签收	根据不同物流方式的运输周期，对在订单要求的到货期限之内到达的订单实施签收	
20	应收账款/应付账款	更新应收或应付账款账期，接收或支付本期到期的应收账款和应付账款	
21	短贷/还本付息	更新短期贷款、获得新的贷款、还本付息	
22	支付工资	按期支付员工的工资	
23	支付相关费用	按期支付相应的租赁费、维修费、库存管理费、行政管理费、售后服务费	
24	慈善	捐款	
轮末	交税	交纳税款	
	长贷/还本付息	更新长期贷款、获得新的贷款、支付利息、还本付息	
	关账	每轮运营结束，轮末关账	

表 5-49　第二轮第二期库存管理表

商品	库存数量	所在仓库	未发订单数量	差额
办公家具				
电风扇				
棉衣				
天然珍珠				
货架				
空调扇				
毛衣				

（4）第二轮第二期末相关报表

期末结束，对第二轮第二期的运营情况进行总结，填写表 5-50、表 5-51、表 5-52、表 5-53 和表 5-54。

表 5-50 第二轮第二期产品核算表

商品	销售数量	销售额	成本	毛利
办公家具				
电风扇				
棉衣				
天然珍珠				
货架				
空调扇				
毛衣				
合计				

表 5-51 第二轮第二期现金流量表

序号	按顺序执行下列各项操作，在相应的空格内填入现金变动			
期初	项目	具体开支目录	表达式	金额
	期初资金		+	
1	办公场所设立	改建、搬迁、租赁费，建筑维修费	-	
2	配送中心设立	改建、搬迁、租赁费，建筑维修费	-	
3	店铺开设	B 店筹建	-	
4	网店装修	网店装修模板选择	-	
5	采购投标	商品采购	-	
6	SEM 推广	推广保证金（充值）	-	
7	站外推广	媒体推广（投标）	-	
8	货物出库	物流费	-	
9	货物签收	回款资金	+	
10	短贷/民间融资	贷款	+	
11	还本付息	利息	-	
12	支付工资	工资	-	

续表

序号	按顺序执行下列各项操作,在相应的空格内填入现金变动			
期初	项目	具体开支目录	表达式	金额
	期初资金		+	
13	支付相关费用	租赁费、维修费、库存管理费、行政管理费、售后服务费	–	
14	慈善	捐款	–	
轮末	交税	税费	–	
	长贷	长期贷款	+	
	还本付息	利息	–	
合计			=	

表 5-52 第二轮第二期市场分析表

目标群体		各小组市场占有率									
		ST1	ST2	ST3	ST4	ST5	ST6	ST7	ST8	ST9	ST10
品牌人群	办公家具										
	电风扇										
	棉衣										
	天然珍珠										
	货架										
	空调扇										
	毛衣										
	总占比										
低价人群	办公家具										
	电风扇										
	棉衣										
	天然珍珠										
	货架										
	空调扇										
	毛衣										
	总占比										

续表

目标群体		各小组市场占有率									
		ST1	ST2	ST3	ST4	ST5	ST6	ST7	ST8	ST9	ST10
综合评价人群	办公家具										
	电风扇										
	棉衣										
	天然珍珠										
	货架										
	空调扇										
	毛衣										
	总占比										
犹豫不定人群	办公家具										
	电风扇										
	棉衣										
	天然珍珠										
	货架										
	空调扇										
	毛衣										
	总占比										

注:阴影部分表示该品牌人群没有需求。

表 5-53　第二轮第二期末企业信息

企业信誉度		班级企业信誉度	
店铺总人气		班级店铺总人气	
总媒体影响力		班级总媒体影响力	
社会慈善		班级社会总慈善	
店铺视觉值		班级店铺视觉值	
B2C 模式		班级办公场所驻地影响	
员工经验值		班级员工业务能力	

表 5-54　第二轮第二期末排行榜

各小组	ST1	ST2	ST3	ST4	ST5	ST6	ST7	ST8	ST9	ST10
净利润										
总资产										
慈善										

任务三、第二轮轮末总结研讨

轮末团队总结是非常重要的一个环节，在模拟运营的各个环节，都需要多个岗位的共同协作，单靠一个人是很难完成如此复杂的任务。只有团队中各个队员团结一心，形成有效的合力，才能克服各种苦难，解决各种问题。

在团队形成有效的合作之后，轮末要根据经营的情况进行具体的分析，找出存在问题，为下一轮更好地发展提供基础。

1. 财务分析

根据网店经营情况，填写财务报表，见表 5-55 和表 5-56。

表 5-55　第二轮利润表

项目	表达式	上轮值	当轮值
营业收入	+	0.00	
营业成本	-	0.00	
营业税金及附加	-	0.00	
销售费用	-	0.00	
管理费用	-	0.00	
财务费用	-	0.00	
营业利润	=	0.00	
营业外收入	+	0.00	
营业外支出	-	0.00	
利润总额	=	0.00	
所得税费用	-	0.00	
净利润	=	0.00	

表 5-56　第二轮资产负债表

项目	表达式	上轮值	当轮值	项目	表达式	上轮值	当轮值
流动资产				流动负债			
货币资金	+			短期贷款	+		
其他应收款	+			应收账款	+		
应收账款	+			预收账款	+		
存货				应交税费	+		
原材料	+			流动负债合计	=		
在途物资	+			非流动负债			
库存商品	+			长期贷款	+		
发出商品	+			非流动负债合计	=		
流动资产合计	=			负债合计	=		
非流动资产				所有者权益			
固定资产原价				实收资本	+		
土地和建筑	+			未分配利润	+		
机器和设备	+						
累计折旧	−						
固定资产账面价值	=						
在建工程	+						
非流动资产合计	=			所有者权益合计	=		500
资产总计	=		500	负债和所有者权益总计	=		500

2. 队员述职，总结问题

运营结束后，团队的每个成员都要根据自己的岗位职责进行述职，具体要求如下：

（1）店长组织本轮度的述职工作。

（2）每个角色本着实事求是的原则，就自己的岗位职责进行述职，找出问题，分享经验。

（3）时间每个人限定 1 分钟，全部工作完成在 10 分钟以内。

（4）根据述职情况，填写表 5-57。

表 5-57　第二轮总结与反思

1. 计划完成情况如何？
2. 企业运营遇到了哪些问题？
3. 下一轮准备如何经营？
4. 通过本轮经营，每个人学到了什么？

模块三　第三轮经营

任务一、第三轮第一期经营

1. 第三轮第一期规划

各网店运营团队召开新的一期规划会议，网店的管理层需要根据对经营环节分析，制订或调整企业的战略，做出经营规划、投资方案和营销策划方案等，填写第三轮第一期计划书，如表 5-58 所示。

表 5-58　第三轮第一期计划书

类别	内容	具体分析
本轮经营目标	经营效果	
经营规划	业务计划	
	投资方案	
	营销策划	
计划落实记录		

2．开始运营

（1）数据魔方分析

数据魔方为卖家提供不同类目商品的市场需求信息，即某类商品在不同城市的市场平均价格及4类不同需求人群的市场需求数量和基于大数据的关键词的相关数据信息，如表5-59所示。

表5-59　第三轮第一期市场需求数据

商品名称	需求城市	市场平均价格	品牌人群需求数量	综合评价人群需求数量	低价人群需求数量	犹豫不定人群需求数量
货架	北京	29.20		23	37	22
	石家庄	26.96		17	38	23
	天津	26.96		26	36	19
办公家具	北京	25.94		16	31	17
	石家庄	29.53		17	34	18
电风扇	北京	23.33		23	34	19
	石家庄	20.52		24	30	18
空调扇	北京	28.58		32	49	27
	石家庄	31.49		29	52	31
天然珍珠	北京	59.90		27	35	22
	石家庄	58.75		22	41	21
天然琥珀	北京	81.90		18	23	15
	石家庄	78.78		15	30	16
棉衣	北京	10.71		68	87	57
	石家庄	10.00		78	114	61
毛衣	北京	17.28		41	74	42
	石家庄	16.76		45	79	44

（2）供货市场分析

在网店模拟运营中，一旦确定经营组数，每期的市场供应数值也是确定不变的，第三轮第一期市场供给数据如表5-60所示。

表 5-60　第三轮第一期市场供给数据

公司	商品	促销方式	数量	单位体积	最低价格
黄金电子城	电风扇	数量大于 70,信誉度大于 60,享受账期 0,享受折扣 0.90	210	5	3.60
	空调扇	数量大于 100,信誉度大于 100,享受账期 0,享受折扣 0.90	333	6	4.86
时尚服装厂	棉衣	数量大于 300,信誉度大于 200,享受账期 0,享受折扣 0.60	709	3	1.70
	毛衣	数量大于 200,信誉度大于 200,享受账期 0,享受折扣 0.80	495	3	2.88
中意家具城	货架	数量大于 160,信誉度大于 150,享受账期 0,享受折扣 0.85	345	10	4.68
	办公家具	数量大于 70,信誉度大于 60,享受账期 0,享受折扣 0.90	198	10	4.60
周大福珠宝商	天然珍珠	数量大于 50,信誉度大于 50,享受账期 0,享受折扣 0.95	277	2	9.60
	天然琥珀	数量大于 150,信誉度大于 120,享受账期 0,享受折扣 0.85	180	2	13.00

（3）经营活动

按照经营操作顺序进行具体的经营活动,并将活动情况记录在表 5-61、表 5-62、表 5-63、表 5-64 和表 5-65。

表 5-61　第三轮第一期间谍活动表

各小组		ST1	ST2	ST3	ST4	ST5	ST6	ST7	ST8	ST9	ST10
定价数量	电风扇										
	棉衣										
	货架										
	办公家具										
	天然珍珠										
	空调扇										
	毛衣										
	天然琥珀										
促销策略											

表 5-62　第三轮第一期采购计划表

商品	采购数量	采购价格	采购预计资金	单位体积	预计体积	配送中心
电风扇				5		
棉衣				3		
办公家具				10		
天然珍珠				2		
货架				10		
空调扇				6		
毛衣				3		
天然琥珀				2		
合计						

表 5-63　第三轮第一期资金预算表

序号	按顺序操作各项,在金额一栏填写需求计划			
	项目	具体开支目录	表达式	金额
期初	期初资金		+	
1	办公场所设立	改建、搬迁、租赁费,建筑维修费	-	
2	配送中心设立	改建、搬迁、租赁费,建筑维修费	-	
3	店铺开设		-	
4	网店装修	网店装修模板选择	-	
5	采购投标	商品采购	-	
6	SEM 推广	推广保证金	-	
7	站外推广	媒体推广	-	
8	货物出库	物流费	-	
9	短贷/民间融资	短期借贷	+	
	还本付息	利息	-	
10	支付工资	工资	-	
11	支付相关费用	租赁费、维修费、库存管理费、行政管理费、售后服务费	-	
12	慈善	捐款	-	

续表

序号	按顺序操作各项,在金额一栏填写需求计划			
	项目	具体开支目录	表达式	金额
轮末	交税	税费	–	
	长贷	长期贷款	+	
	还本付息	利息	–	
借贷资金需求合计				
经营资金需求合计				

表 5-64 第三轮第一期运营活动记录表

序号	按顺序执行下列各项操作,每操作完一项,店长在相应的空格内画"√"		
	经营项目	操作要点	第一期
期初	新期规划会议	店长召集团队召开轮度规划会议	
	数据魔方分析	分析商品市场需求数据	
1	办公场所设立	办公城市、办公室类型选择,员工招聘	
2	配送中心设立	配送中心城市、类型选择与租赁,员工招聘	
3	店铺开设		
4	网店装修	网店装修模板选择	
5	采购投标	商品采购	
6	商品入库	商品入库	
7	商品发布	填写商品基本信息、商品物流信息及售后保障信息、发布商品	
8	SEO 优化	搜索引擎优化、优化标题关键词,每个商品最多 7 个关键词	
9	SEM 推广	搜索引擎推广,设置所销售商品相关的关键词的竞价价格	
10	SEM 管理	根据推广计划,针对每种商品可以设计不同的推广组	
11	团购	设置某种商品的团购活动	
12	秒杀	设置某种商品的秒杀活动	
13	套餐	设置某种商品的套餐活动	
14	促销	设置某种商品的促销活动	

续表

序号	按顺序执行下列各项操作，每操作完一项，店长在相应的空格内画“√”		
	经营项目	操作要点	第一期
15	站外推广	选择央视、网络广告联盟、百度三种媒体中的一种或多种进行推广	
16	订单分发	将订单进行整理、分类后，根据到达城市，选择适当的配送中心准备出库	
17	物流选择	将已经指定配送中心的订单进行整理、分类，选择适当的物流方式准备出库	
18	货物出库	根据订单的到货期限，合理安排商品出库	
19	货物签收	根据不同物流方式的运输周期，对在订单要求的到货期限之内到达的订单实施签收	
20	应收账款/应付账款	更新应收或应付账款账期，接收或支付本期到期的应收账款和应付账款	
21	短贷/还本付息	更新短期贷款、获得新的贷款、还本付息	
22	支付工资	按期支付员工的工资	
23	支付相关费用	按期支付相应的租赁费、维修费、库存管理费、行政管理费、售后服务费	
24	慈善	捐款	
轮末	交税	交纳税款	
	长贷/还本付息	更新长期贷款、获得新的贷款、支付利息、还本付息	
	关账	每轮运营结束，轮末关账	

表 5-65　第三轮第一期库存管理表

商品	库存数量	所在仓库	未发订单数量	差额
办公家具				
电风扇				
棉衣				
天然珍珠				
货架				
空调扇				
毛衣				
天然琥珀				

（4）第三轮第一期末相关报表

期末结束，对第三轮第一期的运营情况进行总结，填写表 5-66、表 5-67、表 5-68、表 5-69 和表 5-70。

表 5-66　第三轮第一期产品核算表

商品	销售数量	销售额	成本	毛利
办公家具				
电风扇				
棉衣				
天然珍珠				
货架				
空调扇				
毛衣				
天然琥珀				
合计				

表 5-67　第三轮第一期现金流量表

序号	按顺序执行下列各项操作，在相应的空格内填入现金变动			
期初	项目	具体开支目录	表达式	金额
	期初资金		+	
1	办公场所设立	改建、搬迁、租赁费，建筑维修费	-	
2	配送中心设立	改建、搬迁、租赁费，建筑维修费	-	
3	店铺开设		-	
4	网店装修	网店装修模板选择	-	
5	采购投标	商品采购	-	
6	SEM 推广	推广保证金（充值）	-	
7	站外推广	媒体推广（投标）	-	
8	货物出库	物流费	-	
9	货物签收	回款资金	+	
10	短贷/民间融资	贷款	+	
11	还本付息	利息	-	
12	支付工资	工资	-	

续表

序号	按顺序执行下列各项操作，在相应的空格内填入现金变动			
期初	项目	具体开支目录	表达式	金额
	期初资金		+	
13	支付相关费用	租赁费、维修费、库存管理费、行政管理费、售后服务费	−	
14	慈善	捐款	−	
轮末	交税	税费	−	
	长贷	长期贷款	+	
	还本付息	利息	−	
		合计	=	

表 5-68　第三轮第一期市场分析表

目标群体		各小组市场占有率									
		ST1	ST2	ST3	ST4	ST5	ST6	ST7	ST8	ST9	ST10
品牌人群	办公家具										
	电风扇										
	棉衣										
	天然珍珠										
	货架										
	空调扇										
	毛衣										
	天然琥珀										
	总占比										
低价人群	办公家具										
	电风扇										
	棉衣										
	天然珍珠										
	货架										
	空调扇										
	毛衣										
	天然琥珀										
	总占比										

续表

目标群体		各小组市场占有率									
		ST1	ST2	ST3	ST4	ST5	ST6	ST7	ST8	ST9	ST10
综合评价人群	办公家具										
	电风扇										
	棉衣										
	天然珍珠										
	货架										
	空调扇										
	毛衣										
	天然琥珀										
	总占比										
犹豫不定人群	办公家具										
	电风扇										
	棉衣										
	天然珍珠										
	货架										
	空调扇										
	毛衣										
	天然琥珀										
	总占比										

注:阴影部分表示该期品牌人群没有需求。

表 5-69　第三轮第一期末企业信息

企业信誉度		班级企业信誉度	
店铺总人气		班级店铺总人气	
总媒体影响力		班级总媒体影响力	
社会慈善		班级社会总慈善	
店铺视觉值		班级店铺视觉值	
B2C 模式		班级办公场所驻地影响	
员工经验值		班级员工业务能力	

表 5-70　第三轮第一期末排行榜

各小组	ST1	ST2	ST3	ST4	ST5	ST6	ST7	ST8	ST9	ST10
净利润										
总资产										
慈善										

任务二、第三轮第二期经营

1. 第三轮第二期规划

各网店运营团队召开新的一期规划会议,网店的管理层需要根据第三轮第一期经营环节分析,制订或调整企业的战略,做出经营规划、投资方案和营销策划方案等,填写第三轮第二期计划书,如表 5-71 所示。

表 5-71　第三轮第二期计划书

类别	内容	具体分析
本轮经营目标	经营效果	
经营规划	业务计划	
	投资方案	
	营销策划	
计划落实记录		

2. 开始运营

(1) 数据魔方分析

数据魔方为卖家提供不同类目商品的市场需求信息,即某类商品在不同城市的市场平均价格及 4 类不同需求人群的市场需求数量和基于大数据的关键词的相关数据信息,如表 5-72 所示。

表 5-72　第三轮第二期市场需求数据

商品名称	需求城市	市场平均价格	品牌人群需求数量	综合评价人群需求数量	低价人群需求数量	犹豫不定人群需求数量
货架	北京	24.88	13	18	27	12
	石家庄	27.99	14	21	29	12
	天津	27.99	12	18	25	14

续表

商品名称	需求城市	市场平均价格	品牌人群需求数量	综合评价人群需求数量	低价人群需求数量	犹豫不定人群需求数量
服装店家具	北京	45.60	12	14	25	11
	石家庄	52.32	9	16	22	10
	天津	51.84	10	18	18	9
空调扇	北京	23.91	14	19	24	13
	石家庄	24.70	12	20	24	13
	天津	28.65	13	20	25	13
天然珍珠	北京	51.30	16	30	30	18
	石家庄	59.28	16	22	29	17
天然琥珀	北京	77.80	14	20	25	14
	石家庄	69.65	13	22	28	15
棉衣	北京	9.61	33	46	65	28
	石家庄	10.03	35	40	71	36
毛衣	北京	16.23	29	48	66	29
	石家庄	16.56	34	42	67	34

（2）供货市场分析

在网店模拟运营中，一旦确定经营组数，每期的市场供应数值也是确定不变的，第三轮第二期市场供给数据如表5-73所示。

表5-73　第三轮第二期市场供给数据

公司	商品	促销方式	数量	单位体积	最低价格
黄金电子城	电风扇	数量大于100，信誉度大于100，享受账期0，享受折扣0.90	0	5	3.30
	空调扇	数量大于300，信誉度大于200，享受账期0，享受折扣0.60	300	6	4.38
时尚服装厂	棉衣	数量大于50，信誉度大于50，享受账期0，享受折扣0.95	526	3	1.64
	毛衣	数量大于150，信誉度大于120，享受账期0，享受折扣0.85	511	3	2.76

续表

公司	商品	促销方式	数量	单位体积	最低价格
中意家具城	货架	数量大于 100，信誉度大于 100，享受账期 0，享受折扣 0.90	322	10	4.32
	服装店家具	数量大于 50，信誉度大于 50，享受账期 0，享受折扣 0.95	270	10	8.00
	办公家具	数量大于 150，信誉度大于 120，享受账期 0，享受折扣 0.90	0	10	4.50
周大福珠宝商	天然珍珠	数量大于 200，信誉度大于 200，享受账期 0，享受折扣 0.80	258	2	9.50
	天然琥珀	数量大于 160，信誉度大于 150，享受账期 0，享受折扣 0.85	232	2	12.35

（3）经营活动

按照经营操作顺序进行具体的经营活动，并将活动情况记录在表 5-74、表 5-75、表 5-76、表 5-77 和表 5-78 中。

表 5-74　第三轮第二期间谍活动表

各小组		ST1	ST2	ST3	ST4	ST5	ST6	ST7	ST8	ST9	ST10
数量、定价	棉衣										
	货架										
	天然珍珠										
	空调扇										
	毛衣										
	服装店家具										
促销策略											

表 5-75　第三轮第二期采购计划表

商品	采购数量	采购价格	采购预计资金	单位体积	预计体积	配送中心
棉衣				3		
天然珍珠				2		
货架				10		
空调扇				6		
毛衣				3		
服装店家具				10		
合计						

表 5-76　第三轮第二期资金预算表

序号	按顺序操作各项,在金额一栏填写需求计划			
	项目	具体开支目录	表达式	金额
期初	期初资金		+	
1	办公场所设立	改建、搬迁、租赁费,建筑维修费	–	
2	配送中心设立	改建、搬迁、租赁费,建筑维修费	–	
3	店铺开设		–	
4	网店装修	网店装修模板选择	–	
5	采购投标	商品采购	–	
6	SEM 推广	推广保证金	–	
7	站外推广	媒体推广	–	
8	货物出库	物流费	–	
9	短贷/民间融资	短期借贷	+	
	还本付息	利息	–	
10	支付工资	工资	–	
11	支付相关费用	租赁费、维修费、库存管理费、行政管理费、售后服务费	–	
12	慈善	捐款	–	
轮末	交税	税费	–	
	长贷	长期贷款	+	
	还本付息	利息	–	
借贷资金需求合计				
经营资金需求合计				

表 5-77　第三轮第二期运营活动记录表

序号	按顺序执行下列各项操作,每操作完一项,店长在相应的空格内画“√”		
	经营项目	操作要点	第一期
期初	新期规划会议	店长召集团队召开轮度规划会议	
	数据魔方分析	分析商品市场需求数据	
1	办公场所设立	办公城市、办公室类型选择,员工招聘	

续表

序号	按顺序执行下列各项操作，每操作完一项，店长在相应的空格内画“√”		
	经营项目	操作要点	第一期
2	配送中心设立	配送中心城市、类型选择与租赁，员工招聘	
3	店铺开设		
4	网店装修	网店装修模板选择	
5	采购投标	商品采购	
6	商品入库	商品入库	
7	商品发布	填写商品基本信息、商品物流信息及售后保障信息、发布商品	
8	SEO 优化	搜索引擎优化、优化标题关键词，每个商品最多 7 个关键词	
9	SEM 推广	搜索引擎推广，设置所销售商品相关的关键词的竞价价格	
10	SEM 管理	根据推广计划，针对每种商品可以设计不同的推广组	
11	团购	设置某种商品的团购活动	
12	秒杀	设置某种商品的秒杀活动	
13	套餐	设置某种商品的套餐活动	
14	促销	设置某种商品的促销活动	
15	站外推广	选择央视、网络广告联盟、百度三种媒体中的一种或多种进行推广	
16	订单分发	将订单进行整理、分类后，根据到达城市，选择适当的配送中心准备出库	
17	物流选择	将已经指定配送中心的订单进行整理、分类，选择适当的物流方式准备出库	
18	货物出库	根据订单的到货期限，合理安排商品出库	
19	货物签收	根据不同物流方式的运输周期，对在订单要求的到货期限之内到达的订单实施签收	
20	应收账款/应付账款	更新应收或应付账款账期，接收或支付本期到期的应收账款和应付账款	
21	短贷/还本付息	更新短期贷款、获得新的贷款、还本付息	
22	支付工资	按期支付员工的工资	
23	支付相关费用	按期支付相应的租赁费、维修费、库存管理费、行政管理费、售后服务费	

续表

序号	按顺序执行下列各项操作，每操作完一项，店长在相应的空格内画“√”		
	经营项目	操作要点	第一期
24	慈善	捐款	
轮末	交税	交纳税款	
	长贷/还本付息	更新长期贷款、获得新的贷款、支付利息、还本付息	
	关账	每轮运营结束，轮末关账	

表 5-78　第三轮第二期库存管理表

商品	库存数量	所在仓库	未发订单数量	差额
服装店家具				
棉衣				
天然珍珠				
货架				
空调扇				
毛衣				
天然琥珀				

（4）第三轮第二期末相关报表

期末结束，对轮三轮第二期的运营情况进行总结，填写表 5-79、表 5-80、表 5-81、表 5-82 和表 5-83。

表 5-79　第三轮第二期产品核算表

商品	销售数量	销售额	成本	毛利
服装店家具				
天然琥珀				
棉衣				
天然珍珠				
货架				
空调扇				
毛衣				
合计				

表 5-80　第三轮第二期现金流量表

序号	按顺序执行下列各项操作,在相应的空格内填入现金变动			
期初	项目	具体开支目录	表达式	金额
	期初资金		+	
1	办公场所设立	改建、搬迁、租赁费,建筑维修费	−	
2	配送中心设立	改建、搬迁、租赁费,建筑维修费	−	
3	店铺开设	B 店筹建	−	
4	网店装修	网店装修模板选择	−	
5	采购投标	商品采购	−	
6	SEM 推广	推广保证金(充值)	−	
7	站外推广	媒体推广(投标)	−	
8	货物出库	物流费	−	
9	货物签收	回款资金	+	
10	短贷/民间融资	贷款	+	
11	还本付息	利息	−	
12	支付工资	工资	−	
13	支付相关费用	租赁费、维修费、库存管理费、行政管理费、售后服务费	−	
14	慈善	捐款	−	
轮末	交税	税费	−	
	长贷	长期贷款	+	
	还本付息	利息	−	
		合计	=	

表 5-81　第三轮第二期市场分析表

目标群体		各小组市场占有率									
		ST1	ST2	ST3	ST4	ST5	ST6	ST7	ST8	ST9	ST10
品牌人群	天然琥珀										
	服装店家具										
	棉衣										
	天然珍珠										
	货架										
	空调扇										
	毛衣										
	总占比										
低价人群	天然琥珀										
	服装店家具										
	棉衣										
	天然珍珠										
	货架										
	空调扇										
	毛衣										
	总占比										
综合评价人群	天然琥珀										
	服装店家具										
	棉衣										
	天然珍珠										
	货架										
	空调扇										
	毛衣										
	总占比										
犹豫不定人群	天然琥珀										
	服装店家具										
	棉衣										
	天然珍珠										
	货架										
	空调扇										
	毛衣										
	总占比										

表 5-82　第三轮第二期末企业信息

企业信誉度		班级企业信誉度	
店铺总人气		班级店铺总人气	
总媒体影响力		班级总媒体影响力	
社会慈善		班级社会总慈善	
店铺视觉值		班级店铺视觉值	
B2C 模式		班级办公场所驻地影响	
员工经验值		班级员工业务能力	

表 5-83　第三轮第二期末排行榜

各小组	ST1	ST2	ST3	ST4	ST5	ST6	ST7	ST8	ST9	ST10
净利润										
总资产										
慈善										

任务三、第三轮轮末总结研讨

轮末团队总结是非常重要的一个环节,在模拟运营的各个环节,都需要多个岗位的共同协作,单靠一个人是很难完成如此复杂的任务。只有团队中各个队员团结一心,形成有效的合力,才能克服各种苦难,解决各种问题。

在团队形成有效的合作之后,轮末要根据经营的情况进行具体的分析,找出存在问题,为下一轮更好地发展提供基础。

1. 财务分析

根据网店经营情况,填写财务报表,见表 5-84 和表 5-85。

表 5-84　第三轮利润表

项目	表达式	上轮值	当轮值
营业收入	+	0. 00	
营业成本	–	0. 00	
营业税金及附加	–	0. 00	
销售费用	–	0. 00	
管理费用	–	0. 00	

续表

项目	表达式	上轮值	当轮值
财务费用	−	0.00	
营业利润	=	0.00	
营业外收入	+	0.00	
营业外支出	−	0.00	
利润总额	=	0.00	
所得税费用	−	0.00	
净利润	=	0.00	

表 5-85　第三轮资产负债表

项目	表达式	上轮值	当轮值	项目	表达式	上轮值	当轮值
流动资产				流动负债			
货币资金	+			短期贷款	+		
其他应收款	+			应收账款	+		
应收账款	+			预收账款	+		
存货				应交税费	+		
原材料	+			流动负债合计	=		
在途物资	+			非流动负债			
库存商品	+			长期贷款	+		
发出商品	+			非流动负债合计	=		
流动资产合计	=			负债合计	=		
非流动资产				所有者权益			
固定资产原价				实收资本	+		
土地和建筑	+			未分配利润	+		
机器和设备	+						
累计折旧	−						
固定资产账面价值	=						
在建工程	+						
非流动资产合计	=			所有者权益合计	=		500
资产总计	=		500	负债和所有者权益总计	=		500

2. 队员述职,总结问题

运营结束后,团队的每个成员都要根据自己的岗位职责进行述职,具体要求如下:

(1) 店长组织本轮度的述职工作。

(2) 每个角色本着实事求是的原则,就自己的岗位职责进行述职,找出问题,分享经验。

(3) 时间每个人限定1分钟,全部工作完成在10分钟以内。

(4) 根据述职情况,填写表5-86。

表5-86 第三轮总结与反思

1. 计划完成情况如何?
2. 企业运营遇到了哪些问题?
3. 下一轮准备如何经营?
4. 通过本轮经营,每个人学到了什么?

模块四 第四轮经营

任务一、第四轮第一期经营

1. 第四轮第一期规划

各网店运营团队召开新的一期规划会议,网店的管理层需要根据对经营环节分析,制订或调整企业的战略,做出经营规划、投资方案和营销策划方案等,填写第四轮第一期计划书,如表 5-87 所示。

表 5-87　第四轮第一期计划书

类别	内容	具体分析
本轮经营目标	经营效果	
经营规划	业务计划	
	投资方案	
	营销策划	
计划落实记录		

2. 开始运营

(1) 数据魔方分析

数据魔方为卖家提供不同类目商品的市场需求信息,即某类商品在不同城市的市场平均价格及 4 类不同需求人群的市场需求数量和基于大数据的关键词的相关数据信息,如表 5-88 所示。

表 5-88　第四轮第一期市场需求数据

商品名称	需求城市	市场平均价格	品牌人群需求数量	综合评价人群需求数量	低价人群需求数量	犹豫不定人群需求数量
货架	北京	25. 66	11	17	20	11
	石家庄	25. 19	11	18	20	12
	天津	25. 42	11	20	23	12
服装店家具	天津	44. 16	11	19	22	12
	北京	45. 48	12	16	24	11
	石家庄	42. 39	12	20	24	12
空调扇	北京	21. 86	11	20	23	12
	天津	23. 05	11	17	19	10
	石家庄	24. 00	10	20	19	10
扫地机	天津	38. 22	9	17	22	10
	北京	44. 10	10	17	20	11
	石家庄	43. 68	11	16	24	10

续表

商品名称	需求城市	市场平均价格	品牌人群需求数量	综合评价人群需求数量	低价人群需求数量	犹豫不定人群需求数量
天然珍珠	北京	57.53	12	18	26	13
	石家庄	56.96	14	22	23	13
天然琥珀	北京	73.01	18	23	37	18
	石家庄	75.11	17	20	32	15
棉衣	北京	8.70	17	27	34	18
	石家庄	9.64	18	31	30	15
毛衣	北京	15.05	27	47	56	31
	石家庄	14.57	29	46	49	29

(2)供货市场分析

在网店模拟运营中,一旦确定经营组数,每期的市场供应数值也是确定不变的,第四轮第一期市场供给数据如表 5-89 所示。

表 5-89　第四轮第一期市场供给数据

公司	商品	促销方式	数量	单位体积	最低价格
黄金电子城	空调扇	数量大于 50,信誉度大于 50,享受账期 0,享受折扣 0.95	285	6	3.96
	扫地机	数量大于 300,信誉度大于 200,享受账期 0,享受折扣 0.60	270	6	7
时尚服装厂	棉衣	数量大于 70,信誉度大于 60,享受账期 0,享受折扣 0.90	291	3	1.56
	毛衣	数量大于 70,信誉度大于 60,享受账期 0,享受折扣 0.90	499	3	2.64
中意家具城	货架	数量大于 160,信誉度大于 60,享受账期 0,享受折扣 0.85	277	10	3.96
	服装店家具	数量大于 70,信誉度大于 60,享受账期 0,享受折扣 0.90	312	10	7.36
周大福珠宝商	天然珍珠	数量大于 50,信誉度大于 50,享受账期 0,享受折扣 0.95	220	2	9.40
	天然琥珀	数量大于 160,信誉度大于 150,享受账期 0,享受折扣 0.85	273	2	11.70

（3）经营活动

按照经营操作顺序进行具体的经营活动，并将活动情况记录在表5-90、表5-91、表5-92、表5-93和表5-94中。

表5-90　第四轮第一期间谍活动表

各小组		ST1	ST2	ST3	ST4	ST5	ST6	ST7	ST8	ST9	ST10
定价、数量	扫地机										
	棉衣										
	货架										
	服装店家具										
	天然珍珠										
	空调扇										
	毛衣										
	天然琥珀										
促销策略											

表5-91　第四轮第一期采购计划表

商品	采购数量	采购价格	采购预计资金	单位体积	预计体积	配送中心
扫地机				5		
棉衣				3		
服装店家具				10		
天然珍珠				2		
货架				10		
空调扇				6		
毛衣				3		
天然琥珀				2		
合计						

表 5-92　第四轮第一期资金预算表

序号	按顺序操作各项，在金额一栏填写需求计划			
	项目	具体开支目录	表达式	金额
期初	期初资金		+	
1	办公场所设立	改建、搬迁、租赁费，建筑维修费	−	
2	配送中心设立	改建、搬迁、租赁费，建筑维修费	−	
3	店铺开设		−	
4	网店装修	网店装修模板选择	−	
5	采购投标	商品采购	−	
6	SEM 推广	推广保证金	−	
7	站外推广	媒体推广	−	
8	货物出库	物流费	−	
9	短贷/民间融资	短期借贷	+	
	还本付息	利息	−	
10	支付工资	工资	−	
11	支付相关费用	租赁费、维修费、库存管理费、行政管理费、售后服务费	−	
12	慈善	捐款	−	
轮末	交税	税费	−	
	长贷	长期贷款	+	
	还本付息	利息	−	
借贷资金需求合计				
经营资金需求合计				

表 5-93　第四轮第一期运营活动记录表

序号	按顺序执行下列各项操作，每操作完一项，店长在相应的空格内画“√”		
	经营项目	操作要点	第一期
期初	新期规划会议	店长召集团队召开轮度规划会议	
	数据魔方分析	分析商品市场需求数据	
1	办公场所设立	办公城市、办公室类型选择，员工招聘	

续表

序号	按顺序执行下列各项操作，每操作完一项，店长在相应的空格内画“√”		
	经营项目	操作要点	第一期
2	配送中心设立	配送中心城市、类型选择与租赁，员工招聘	
3	店铺开设		
4	网店装修	网店装修模板选择	
5	采购投标	商品采购	
6	商品入库	商品入库	
7	商品发布	填写商品基本信息、商品物流信息及售后保障信息、发布商品	
8	SEO 优化	搜索引擎优化、优化标题关键词，每个商品最多 7 个关键词	
9	SEM 推广	搜索引擎推广，设置所销售商品相关的关键词的竞价价格	
10	SEM 管理	根据推广计划，针对每种商品可以设计不同的推广组	
11	团购	设置某种商品的团购活动	
12	秒杀	设置某种商品的秒杀活动	
13	套餐	设置某种商品的套餐活动	
14	促销	设置某种商品的促销活动	
15	站外推广	选择央视、网络广告联盟、百度三种媒体中的一种或多种进行推广	
16	订单分发	将订单进行整理、分类后，根据到达城市，选择适当的配送中心准备出库	
17	物流选择	将已经指定配送中心的订单进行整理、分类，选择适当的物流方式准备出库	
18	货物出库	根据订单的到货期限，合理安排商品出库	
19	货物签收	根据不同物流方式的运输周期，对在订单要求的到货期限之内到达的订单实施签收	
20	应收账款/应付账款	更新应收或应付账款账期，接收或支付本期到期的应收账款和应付账款	
21	短贷/还本付息	更新短期贷款、获得新的贷款、还本付息	
22	支付工资	按期支付员工的工资	

续表

<table>
<tr><td rowspan="2">序号</td><td colspan="3">按顺序执行下列各项操作，每操作完一项，店长在相应的空格内画“√”</td></tr>
<tr><td>经营项目</td><td>操作要点</td><td>第一期</td></tr>
<tr><td>23</td><td>支付相关费用</td><td>按期支付相应的租赁费、维修费、库存管理费、行政管理费、售后服务费</td><td></td></tr>
<tr><td>24</td><td>慈善</td><td>捐款</td><td></td></tr>
<tr><td rowspan="3">轮末</td><td>交税</td><td>交纳税款</td><td></td></tr>
<tr><td>长贷/还本付息</td><td>更新长期贷款、获得新的贷款、支付利息、还本付息</td><td></td></tr>
<tr><td>关账</td><td>每轮运营结束，轮末关账</td><td></td></tr>
</table>

表 5-94　第四轮第一期库存管理表

商品	库存数量	所在仓库	未发订单数量	差额
服装店家具				
扫地机				
棉衣				
天然珍珠				
货架				
空调扇				
毛衣				
天然琥珀				

（4）第四轮第一期末相关报表

期末结束，对第四轮第一期的运营情况进行总结，填写表 5-95、表 5-96、表 5-97、表 5-98 和表 5-99。

表 5-95　第四轮第一期产品核算表

商品	销售数量	销售额	成本	毛利
服装店家具				
扫地机				
棉衣				
天然珍珠				

续表

商品	销售数量	销售额	成本	毛利
货架				
空调扇				
毛衣				
天然琥珀				
合计				

表 5-96　第四轮第一期现金流量表

序号	按顺序执行下列各项操作,在相应的空格内填入现金变动			
期初	项目	具体开支目录	表达式	金额
	期初资金		+	
1	办公场所设立	改建、搬迁、租赁费,建筑维修费	–	
2	配送中心设立	改建、搬迁、租赁费,建筑维修费	–	
3	店铺开设		–	
4	网店装修	网店装修模板选择	–	
5	采购投标	商品采购	–	
6	SEM 推广	推广保证金(充值)	–	
7	站外推广	媒体推广(投标)	–	
8	货物出库	物流费	–	
9	货物签收	回款资金	+	
10	短贷/民间融资	贷款	+	
11	还本付息	利息	–	
12	支付工资	工资	–	
13	支付相关费用	租赁费、维修费、库存管理费、行政管理费、售后服务费	–	
14	慈善	捐款	–	
轮末	交税	税费	–	
	长贷	长期贷款	+	
	还本付息	利息	–	
		合计	=	

表 5-97 第四轮第一期市场分析表

<table>
<tr><th colspan="2" rowspan="2">目标群体</th><th colspan="10">各小组市场占有率</th></tr>
<tr><th>ST1</th><th>ST2</th><th>ST3</th><th>ST4</th><th>ST5</th><th>ST6</th><th>ST7</th><th>ST8</th><th>ST9</th><th>ST10</th></tr>
<tr><td rowspan="9">品牌人群</td><td>服装店家具</td><td></td><td></td><td></td><td></td><td></td><td></td><td></td><td></td><td></td><td></td></tr>
<tr><td>扫地机</td><td></td><td></td><td></td><td></td><td></td><td></td><td></td><td></td><td></td><td></td></tr>
<tr><td>棉衣</td><td></td><td></td><td></td><td></td><td></td><td></td><td></td><td></td><td></td><td></td></tr>
<tr><td>天然珍珠</td><td></td><td></td><td></td><td></td><td></td><td></td><td></td><td></td><td></td><td></td></tr>
<tr><td>货架</td><td></td><td></td><td></td><td></td><td></td><td></td><td></td><td></td><td></td><td></td></tr>
<tr><td>空调扇</td><td></td><td></td><td></td><td></td><td></td><td></td><td></td><td></td><td></td><td></td></tr>
<tr><td>毛衣</td><td></td><td></td><td></td><td></td><td></td><td></td><td></td><td></td><td></td><td></td></tr>
<tr><td>天然琥珀</td><td></td><td></td><td></td><td></td><td></td><td></td><td></td><td></td><td></td><td></td></tr>
<tr><td>总占比</td><td></td><td></td><td></td><td></td><td></td><td></td><td></td><td></td><td></td><td></td></tr>
<tr><td rowspan="9">低价人群</td><td>服装店家具</td><td></td><td></td><td></td><td></td><td></td><td></td><td></td><td></td><td></td><td></td></tr>
<tr><td>扫地机</td><td></td><td></td><td></td><td></td><td></td><td></td><td></td><td></td><td></td><td></td></tr>
<tr><td>棉衣</td><td></td><td></td><td></td><td></td><td></td><td></td><td></td><td></td><td></td><td></td></tr>
<tr><td>天然珍珠</td><td></td><td></td><td></td><td></td><td></td><td></td><td></td><td></td><td></td><td></td></tr>
<tr><td>货架</td><td></td><td></td><td></td><td></td><td></td><td></td><td></td><td></td><td></td><td></td></tr>
<tr><td>空调扇</td><td></td><td></td><td></td><td></td><td></td><td></td><td></td><td></td><td></td><td></td></tr>
<tr><td>毛衣</td><td></td><td></td><td></td><td></td><td></td><td></td><td></td><td></td><td></td><td></td></tr>
<tr><td>天然琥珀</td><td></td><td></td><td></td><td></td><td></td><td></td><td></td><td></td><td></td><td></td></tr>
<tr><td>总占比</td><td></td><td></td><td></td><td></td><td></td><td></td><td></td><td></td><td></td><td></td></tr>
<tr><td rowspan="9">综合评价人群</td><td>服装店家具</td><td></td><td></td><td></td><td></td><td></td><td></td><td></td><td></td><td></td><td></td></tr>
<tr><td>扫地机</td><td></td><td></td><td></td><td></td><td></td><td></td><td></td><td></td><td></td><td></td></tr>
<tr><td>棉衣</td><td></td><td></td><td></td><td></td><td></td><td></td><td></td><td></td><td></td><td></td></tr>
<tr><td>天然珍珠</td><td></td><td></td><td></td><td></td><td></td><td></td><td></td><td></td><td></td><td></td></tr>
<tr><td>货架</td><td></td><td></td><td></td><td></td><td></td><td></td><td></td><td></td><td></td><td></td></tr>
<tr><td>空调扇</td><td></td><td></td><td></td><td></td><td></td><td></td><td></td><td></td><td></td><td></td></tr>
<tr><td>毛衣</td><td></td><td></td><td></td><td></td><td></td><td></td><td></td><td></td><td></td><td></td></tr>
<tr><td>天然琥珀</td><td></td><td></td><td></td><td></td><td></td><td></td><td></td><td></td><td></td><td></td></tr>
<tr><td>总占比</td><td></td><td></td><td></td><td></td><td></td><td></td><td></td><td></td><td></td><td></td></tr>
</table>

续表

目标群体		各小组市场占有率									
		ST1	ST2	ST3	ST4	ST5	ST6	ST7	ST8	ST9	ST10
犹豫不定人群	服装店家具										
	扫地机										
	棉衣										
	天然珍珠										
	货架										
	空调扇										
	毛衣										
	天然琥珀										
	总占比										

表 5-98　第四轮第一期末企业信息

企业信誉度		班级企业信誉度	
店铺总人气		班级店铺总人气	
总媒体影响力		班级总媒体影响力	
社会慈善		班级社会总慈善	
店铺视觉值		班级店铺视觉值	
B2C 模式		班级办公场所驻地影响	
员工经验值		班级员工业务能力	

表 5-99　第四轮第一期末排行榜

各小组	ST1	ST2	ST3	ST4	ST5	ST6	ST7	ST8	ST9	ST10
净利润										
总资产										
慈善										

任务二、第四轮第二期经营

1. 第四轮第二期规划

各网店运营团队召开新的一期规划会议，网店的管理层需要根据第四轮第一期经营环节分析，制订或调整企业的战略，做出经营规划、投资方案和营销策划方案等，填写第四轮第二期计划书，如表 5-100 所示。

表 5-100　第四轮第二期计划书

类别	内容	具体分析
本轮经营目标	经营效果	
经营规划	业务计划	
	投资方案	
	营销策划	
计划落实记录		

2. 开始运营

(1) 数据魔方分析

数据魔方为卖家提供不同类目商品的市场需求信息，即某类商品在不同城市的市场平均价格及 4 类不同需求人群的市场需求数量和基于大数据的关键词的相关数据信息，如表 5-101 所示。

表 5-101　第四轮第二期市场需求数据

商品名称	需求城市	市场平均价格	品牌人群需求数量	综合评价人群需求数量	低价人群需求数量	犹豫不定人群需求数量
货架	北京	22. 62	13	20	28	12
	石家庄	21. 52	12	20	26	12
服装店家具	北京	43. 25	20	34	45	23
	石家庄	38. 35	20	32	35	19
空调扇	北京	20. 82	14	20	29	14
	石家庄	21. 45	13	21	23	11
扫地机	石家庄	34. 78	19	23	39	19
	北京	37. 80	19	27	40	19

续表

商品名称	需求城市	市场平均价格	品牌人群需求数量	综合评价人群需求数量	低价人群需求数量	犹豫不定人群需求数量
天然珍珠	北京	50.78	20	28	46	23
天然琥珀	北京	72.45	32	50	68	28
毛衣	北京	15.61	58	90	118	54
马夹	北京	19.62	62	87	120	55

（2）供货市场分析

在网店模拟运营中，一旦确定经营组数，每期的市场供应数值也是确定不变的，第四轮第二期市场供给数据如表 5-102 所示。

表 5-102　第四轮第二期市场供给数据

公司	商品	促销方式	数量	单位体积	最低价格
黄金电子城	空调扇	数量大于 100，信誉度大于 100，享受账期 0，享受折扣 0.90	217	6	3.54
	扫地机	数量大于 300，信誉度大于 200，享受账期 0，享受折扣 0.60	325	6	6.30
时尚服装厂	棉衣	数量大于 50，信誉度大于 50，享受账期 0，享受折扣 0.95	0	3	1.50
	毛衣	数量大于 150，信誉度大于 120，享受账期 0，享受折扣 0.85	457	3	2.55
	马夹	数量大于 150，信誉度大于 120，享受账期 0，享受折扣 0.85	450	3	3.00
中意家具城	货架	数量大于 100，信誉度大于 100，享受账期 0，享受折扣 0.90	208	10	3.66
	服装店家具	数量大于 50，信誉度大于 50，享受账期 0，享受折扣 0.95	346	10	6.80
周大福珠宝商	天然珍珠	数量大于 200，信誉度大于 200，享受账期 0，享受折扣 0.80	165	2	9.30
	天然琥珀	数量大于 160，信誉度大于 150，享受账期 0，享受折扣 0.85	297	2	11.18

（3）经营活动

按照经营操作顺序进行具体的经营活动，并将活动情况记录在表 5-103、表 5-104、表 5-105、表 5-106 和表 5-107 中。

表 5-103　第四轮第二期间谍活动表

各小组		ST1	ST2	ST3	ST4	ST5	ST6	ST7	ST8	ST9	ST10
数量、定价	马夹										
	货架										
	扫地机										
	天然珍珠										
	空调扇										
	毛衣										
	天然琥珀										
	服装店家具										
促销策略											

表 5-104　第四期第二轮采购计划表

商品	采购数量	采购价格	采购预计资金	单位体积	预计体积	配送中心
天然琥珀				2		
天然珍珠				2		
货架				10		
空调扇				6		
毛衣				3		
马夹				3		
扫地机				6		
服装店家具				10		
合计						

表 5-105　第四期第二轮资金预算表

序号	按顺序操作各项,在金额一栏填写需求计划			
	项目	具体开支目录	表达式	金额
期初	期初资金		+	
1	办公场所设立	改建、搬迁、租赁费,建筑维修费	−	
2	配送中心设立	改建、搬迁、租赁费,建筑维修费	−	
3	店铺开设		−	
4	网店装修	网店装修模板选择	−	

续表

序号	按顺序操作各项，在金额一栏填写需求计划			
	项目	具体开支目录	表达式	金额
5	采购投标	商品采购	−	
6	SEM 推广	推广保证金	−	
7	站外推广	媒体推广	−	
8	货物出库	物流费	−	
9	短贷/民间融资	短期借贷	+	
	还本付息	利息	−	
10	支付工资	工资	−	
11	支付相关费用	租赁费、维修费、库存管理费、行政管理费、售后服务费	−	
12	慈善	捐款	−	
轮末	交税	税费	−	
	长贷	长期贷款	+	
	还本付息	利息	−	
借贷资金需求合计				
经营资金需求合计				

表 5-106 第四轮第二期运营活动记录表

序号	按顺序执行下列各项操作，每操作完一项，店长在相应的空格内画“√”		
	经营项目	操作要点	第一期
期初	新期规划会议	店长召集团队召开轮度规划会议	
	数据魔方分析	分析商品市场需求数据	
1	办公场所设立	办公城市、办公室类型选择，员工招聘	
2	配送中心设立	配送中心城市、类型选择与租赁，员工招聘	
3	店铺开设		
4	网店装修	网店装修模板选择	
5	采购投标	商品采购	
6	商品入库	商品入库	

续表

序号	按顺序执行下列各项操作，每操作完一项，店长在相应的空格内画“√”		
	经营项目	操作要点	第一期
7	商品发布	填写商品基本信息、商品物流信息及售后保障信息、发布商品	
8	SEO 优化	搜索引擎优化、优化标题关键词，每个商品最多 7 个关键词	
9	SEM 推广	搜索引擎推广，设置所销售商品相关的关键词的竞价价格	
10	SEM 管理	根据推广计划，针对每种商品可以设计不同的推广组	
11	团购	设置某种商品的团购活动	
12	秒杀	设置某种商品的秒杀活动	
13	套餐	设置某种商品的套餐活动	
14	促销	设置某种商品的促销活动	
15	站外推广	选择央视、网络广告联盟、百度三种媒体中的一种或多种进行推广	
16	订单分发	将订单进行整理、分类后，根据到达城市，选择适当的配送中心准备出库	
17	物流选择	将已经指定配送中心的订单进行整理、分类，选择适当的物流方式准备出库	
18	货物出库	根据订单的到货期限，合理安排商品出库	
19	货物签收	根据不同物流方式的运输周期，对在订单要求的到货期限之内到达的订单实施签收	
20	应收账款/应付账款	更新应收或应付账款账期，接收或支付本期到期的应收账款和应付账款	
21	短贷/还本付息	更新短期贷款、获得新的贷款、还本付息	
22	支付工资	按期支付员工的工资	
23	支付相关费用	按期支付相应的租赁费、维修费、库存管理费、行政管理费、售后服务费	
24	慈善	捐款	
轮末	交税	交纳税款	
	长贷/还本付息	更新长期贷款、获得新的贷款、支付利息、还本付息	
	关账	每轮运营结束，轮末关账	

表 5-107 第四轮第二期库存管理表

商品	库存数量	所在仓库	未发订单数量	差额
服装店家具				
扫地机				
天然珍珠				
马夹				
货架				
空调扇				
毛衣				
天然琥珀				

（4）第四轮第二期末相关报表

期末结束，对第四轮第二期的运营情况进行总结，填写表 5-108、表 5-109、表 5-110、表 5-111 和表 5-112。

表 5-108 第四轮第二期产品核算表

商品	销售数量	销售额	成本	毛利
服装店家具				
天然琥珀				
扫地机				
天然珍珠				
货架				
空调扇				
马夹				
毛衣				
合计				

表 5-109 第四轮第二期现金流量表

序号	按顺序执行下列各项操作，在相应的空格内填入现金变动			
期初	项目	具体开支目录	表达式	金额
	期初资金		+	
1	办公场所设立	改建、搬迁、租赁费，建筑维修费	-	
2	配送中心设立	改建、搬迁、租赁费，建筑维修费	-	
3	店铺开设		-	
4	网店装修	网店装修模板选择	-	
5	采购投标	商品采购	-	
6	SEM 推广	推广保证金（充值）	-	
7	站外推广	媒体推广（投标）	-	
8	货物出库	物流费	-	
9	货物签收	回款资金	+	
10	短贷/民间融资	贷款	+	
11	还本付息	利息	-	
12	支付工资	工资	-	
13	支付相关费用	租赁费、维修费、库存管理费、行政管理费、售后服务费	-	
14	慈善	捐款	-	
轮末	交税	税费	-	
	长贷	长期贷款	+	
	还本付息	利息	-	
合计			=	

表 5-110　第四轮第二期市场分析表

目标群体		各小组市场占有率									
		ST1	ST2	ST3	ST4	ST5	ST6	ST7	ST8	ST9	ST10
品牌人群	天然琥珀										
	服装店家具										
	扫地机										
	马夹										
	天然珍珠										
	货架										
	空调扇										
	毛衣										
	总占比										
低价人群	天然琥珀										
	服装店家具										
	扫地机										
	马夹										
	天然珍珠										
	货架										
	空调扇										
	毛衣										
	总占比										
综合评价人群	天然琥珀										
	服装店家具										
	扫地机										
	马夹										
	天然珍珠										
	货架										
	空调扇										
	毛衣										
	总占比										

续表

目标群体		各小组市场占有率									
		ST1	ST2	ST3	ST4	ST5	ST6	ST7	ST8	ST9	ST10
犹豫不定人群	天然琥珀										
	服装店家具										
	扫地机										
	马夹										
	天然珍珠										
	货架										
	空调扇										
	毛衣										
	总占比										

表 5-111　第四轮第二期末企业信息

企业信誉度		班级企业信誉度	
店铺总人气		班级店铺总人气	
总媒体影响力		班级总媒体影响力	
社会慈善		班级社会总慈善	
店铺视觉值		班级店铺视觉值	
B2C 模式		班级办公场所驻地影响	
员工经验值		班级员工业务能力	

表 5-112　第四轮第二期末排行榜

各小组	ST1	ST2	ST3	ST4	ST5	ST6	ST7	ST8	ST9	ST10
净利润										
总资产										
慈善										

任务三、第四轮轮末总结研讨

轮末团队总结是非常重要的一个环节，在模拟运营的各个环节，都需要多个岗位的共同协作，单靠一个人是很难完成如此复杂的任务。只有团队中各个队员团结一心，形成有效的合力，才能克服各种苦难，解决各种问题。

在团队形成有效的合作之后，轮末要根据经营的情况进行具体的分析，找出存在问题，为下一轮更好地发展提供基础。

1. 财务分析

根据网店经营情况，填写财务报表，见表5-113和表5-114。

表5-113　第四轮利润表

项目	表达式	上轮值	当轮值
营业收入	+	0.00	
营业成本	−	0.00	
营业税金及附加	−	0.00	
销售费用	−	0.00	
管理费用	−	0.00	
财务费用	−	0.00	
营业利润	=	0.00	
营业外收入	+	0.00	
营业外支出	−	0.00	
利润总额	=	0.00	
所得税费用	−	0.00	
净利润	=	0.00	

表5-114　第四轮资产负债表

项目	表达式	上轮值	当轮值	项目	表达式	上轮值	当轮值
流动资产				流动负债			
货币资金	+			短期贷款	+		
其他应收款	+			应收账款	+		
应收账款	+			预收账款	+		
存货				应交税费	+		
原材料	+			流动负债合计	=		
在途物资	+			非流动负债			

续表

项目	表达式	上轮值	当轮值	项目	表达式	上轮值	当轮值
库存商品	+			长期贷款	+		
发出商品	+			非流动负债合计	=		
流动资产合计	=			负债合计	=		
非流动资产				所有者权益			
固定资产原价				实收资本	+		
土地和建筑	+			未分配利润	+		
机器和设备	+						
累计折旧	−						
固定资产账面价值	=						
在建工程	+						
非流动资产合计	=			所有者权益合计	=		500
资产总计	=		500	负债和所有者权益总计	=		500

2. 队员述职,总结问题

运营结束后,团队的每个成员都要根据自己的岗位职责进行述职,具体要求如下:

(1) 店长组织本轮度的述职工作。

(2) 每个角色本着实事求是的原则,就自己的岗位职责进行述职,找出问题,分享经验。

(3) 时间每个人限定1分钟,全部工作完成在10分钟以内。

(4) 根据述职情况,填写表5-115。

表5-115　第四轮总结与反思

1. 计划完成情况如何?
2. 企业运营遇到了哪些问题?

续表

3. 下一轮准备如何经营？
4. 通过本轮经营，每个人学到了什么？

模块五 第五轮经营

任务一、第五轮第一期经营

1. 第五轮第一期规划

各网店运营团队召开新的一期规划会议，网店的管理层需要根据对经营环节分析，制订或调整企业的战略，做出经营规划、投资方案和营销策划方案等，填写第五轮第一期计划书，如表 5-116 所示。

表 5-116 第五轮第一期计划书

类别	内容	具体分析
本轮经营目标	经营效果	
经营规划	业务计划	
	投资方案	
	营销策划	
计划落实记录		

2. 开始运营

(1) 数据魔方分析

数据魔方为卖家提供不同类目商品的市场需求信息，即某类商品在不同城市的市场平均价格及 4 类不同需求人群的市场需求数量和基于大数据的关键词的相关数据信息，如表 5-117 所示。

表 5-117　第五轮第一期市场需求数据

商品名称	需求城市	市场平均价格	品牌人群需求数量	综合评价人群需求数量	低价人群需求数量	犹豫不定人群需求数量
货架	北京	20.16	14	23	26	14
服装店家具	北京	38.94	40	63	89	42
空调扇	北京	17.55	13	21	27	15
扫地机	北京	33.34	41	71	78	39
天然珍珠	北京	54.65	10	17	18	11
天然琥珀	北京	68.28	35	62	74	35
翡翠	北京	60.60	18	30	39	21
毛衣	北京	15.79	42	72	89	45
马夹	北京	18.49	51	94	100	57

（2）供货市场分析

在网店模拟运营中，一旦确定经营组数，每期的市场供应数值也是确定不变的，第五轮第一期市场供给数据如表 5-118 所示。

表 5-118　第五轮第一期市场供给数据

公司	商品	促销方式	数量	单位体积	最低价格
黄金电子城	空调扇	数量大于 50，信誉度大于 50，享受账期 0，享受折扣 0.95	123	6	3.18
	扫地机	数量大于 150，信誉度大于 120，享受账期 0，享受折扣 0.85	372	6	5.67
时尚服装厂	马夹	数量大于 50，信誉度大于 50，享受账期 0，享受折扣 0.95	504	3	2.88
	毛衣	数量大于 50，信誉度大于 50，享受账期 0，享受折扣 0.95	387	3	2.46
中意家具城	货架	数量大于 200，信誉度大于 200，享受账期 0，享受折扣 0.80	115	10	3.36
	服装店家具	数量大于 160，信誉度大于 150，享受账期 0，享受折扣 0.85	375	10	6.24

续表

公司	商品	促销方式	数量	单位体积	最低价格
周大福珠宝商	天然珍珠	数量大于300,信誉度大于200,享受账期0,享受折扣0.60	91	2	9.20
	天然琥珀	数量大于300,信誉度大于200,享受账期0,享受折扣0.60	309	2	10.53
	翡翠	数量大于150,信誉度大于120,享受账期0,享受折扣0.85	180	2	10.00

(3) 经营活动

按照经营操作顺序进行具体的经营活动,并将活动情况记录在表5-119、表5-120、表5-121、表5-123 和表5-124 中。

表5-119　第五轮第一期间谍活动表

各小组		ST1	ST2	ST3	ST4	ST5	ST6	ST7	ST8	ST9	ST10
定价、数量	扫地机										
	翡翠										
	货架										
	服装店家具										
	天然珍珠										
	空调扇										
	毛衣										
	天然琥珀										
促销策略											

表5-120　第五轮第一期采购计划表

商品	采购数量	采购价格	采购预计资金	单位体积	预计体积	配送中心
扫地机				5		
翡翠				2		
服装店家具				10		
天然珍珠				2		
货架				10		

续表

商品	采购数量	采购价格	采购预计资金	单位体积	预计体积	配送中心
空调扇				6		
毛衣				3		
天然琥珀				2		
合计						

表 5-121　第五轮第一期资金预算表

序号	按顺序操作各项，在金额一栏填写需求计划			
	项目	具体开支目录	表达式	金额
期初	期初资金		+	
1	办公场所设立	改建、搬迁、租赁费，建筑维修费	-	
2	配送中心设立	改建、搬迁、租赁费，建筑维修费	-	
3	店铺开设		-	
4	网店装修	网店装修模板选择	-	
5	采购投标	商品采购	-	
6	SEM 推广	推广保证金	-	
7	站外推广	媒体推广	-	
8	货物出库	物流费	-	
9	短贷/民间融资	短期借贷	+	
	还本付息	利息	-	
10	支付工资	工资	-	
11	支付相关费用	租赁费、维修费、库存管理费、行政管理费、售后服务费	-	
12	慈善	捐款	-	
轮末	交税	税费	-	
	长贷	长期贷款	+	
	还本付息	利息	-	
借贷资金需求合计				
经营资金需求合计				

表 5-122　第五轮第一期运营活动记录表

序号	按顺序执行下列各项操作，每操作完一项，店长在相应的空格内画“√”		
	经营项目	操作要点	第一期
期初	新期规划会议	店长召集团队召开轮度规划会议	
	数据魔方分析	分析商品市场需求数据	
1	办公场所设立	办公城市、办公室类型选择，员工招聘	
2	配送中心设立	配送中心城市、类型选择与租赁，员工招聘	
3	店铺开设		
4	网店装修	网店装修模板选择	
5	采购投标	商品采购	
6	商品入库	商品入库	
7	商品发布	填写商品基本信息、商品物流信息及售后保障信息、发布商品	
8	SEO 优化	搜索引擎优化、优化标题关键词，每个商品最多 7 个关键词	
9	SEM 推广	搜索引擎推广，设置所销售商品相关的关键词的竞价价格	
10	SEM 管理	根据推广计划，针对每种商品可以设计不同的推广组	
11	团购	设置某种商品的团购活动	
12	秒杀	设置某种商品的秒杀活动	
13	套餐	设置某种商品的套餐活动	
14	促销	设置某种商品的促销活动	
15	站外推广	选择央视、网络广告联盟、百度三种媒体中的一种或多种进行推广	
16	订单分发	将订单进行整理、分类后，根据到达城市，选择适当的配送中心准备出库	
17	物流选择	将已经指定配送中心的订单进行整理、分类，选择适当的物流方式准备出库	
18	货物出库	根据订单的到货期限，合理安排商品出库	
19	货物签收	根据不同物流方式的运输周期，对在订单要求的到货期限之内到达的订单实施签收	
20	应收账款/应付账款	更新应收或应付账款账期，接收或支付本期到期的应收账款和应付账款	

续表

<table>
<tr><td rowspan="2">序号</td><td colspan="3">按顺序执行下列各项操作，每操作完一项，店长在相应的空格内画“√”</td></tr>
<tr><td>经营项目</td><td>操作要点</td><td>第一期</td></tr>
<tr><td>21</td><td>短贷/还本付息</td><td>更新短期贷款、获得新的贷款、还本付息</td><td></td></tr>
<tr><td>22</td><td>支付工资</td><td>按期支付员工的工资</td><td></td></tr>
<tr><td>23</td><td>支付相关费用</td><td>按期支付相应的租赁费、维修费、库存管理费、行政管理费、售后服务费</td><td></td></tr>
<tr><td>24</td><td>慈善</td><td>捐款</td><td></td></tr>
<tr><td rowspan="3">轮末</td><td>交税</td><td>交纳税款</td><td></td></tr>
<tr><td>长贷/还本付息</td><td>更新长期贷款、获得新的贷款、支付利息、还本付息</td><td></td></tr>
<tr><td>关账</td><td>每轮运营结束，轮末关账</td><td></td></tr>
</table>

表 5-123　第五轮第一期库存管理表

商品	库存数量	所在仓库	未发订单数量	差额
服装店家具				
扫地机				
棉衣				
天然珍珠				
货架				
空调扇				
毛衣				
添加琥珀				

（4）第五轮第一期末相关报表

期末结束，对第五轮第一期的运营情况进行总结，填写表 5-124、表 5-125、表 5-126、表 5-127 和表 5-128。

表 5-124　第五轮第一期产品核算表

商品	销售数量	销售额	成本	毛利
服装店家具				
扫地机				

续表

商品	销售数量	销售额	成本	毛利
翡翠				
天然珍珠				
货架				
空调扇				
毛衣				
天然琥珀				
合计				

表 5-125　第五轮第一期现金流量表

序号	按顺序执行下列各项操作，在相应的空格内填入现金变动			
期初	项目	具体开支目录	表达式	金额
	期初资金		+	
1	办公场所设立	改建、搬迁、租赁费，建筑维修费	−	
2	配送中心设立	改建、搬迁、租赁费，建筑维修费	−	
3	店铺开设		−	
4	网店装修	网店装修模板选择	−	
5	采购投标	商品采购	−	
6	SEM 推广	推广保证金（充值）	−	
7	站外推广	媒体推广（投标）	−	
8	货物出库	物流费	−	
9	货物签收	回款资金	+	
10	短贷/民间融资	贷款	+	
11	还本付息	利息	−	
12	支付工资	工资	−	
13	支付相关费用	租赁费、维修费、库存管理费、行政管理费、售后服务费	−	
14	慈善	捐款	−	
轮末	交税	税费	−	
	长贷	长期贷款	+	
	还本付息	利息	−	
		合计	=	

表 5-126 第五轮第一期市场分析表

目标群体		各小组市场占有率									
		ST1	ST2	ST3	ST4	ST5	ST6	ST7	ST8	ST9	ST10
品牌人群	服装店家具										
	扫地机										
	翡翠										
	天然珍珠										
	货架										
	空调扇										
	毛衣										
	天然琥珀										
	总占比										
低价人群	服装店家具										
	扫地机										
	翡翠										
	天然珍珠										
	货架										
	空调扇										
	毛衣										
	天然琥珀										
	总占比										
综合评价人群	服装店家具										
	扫地机										
	翡翠										
	天然珍珠										
	货架										
	空调扇										
	毛衣										
	天然琥珀										
	总占比										

续表

目标群体		各小组市场占有率									
		ST1	ST2	ST3	ST4	ST5	ST6	ST7	ST8	ST9	ST10
犹豫不定人群	服装店家具										
	扫地机										
	翡翠										
	天然珍珠										
	货架										
	空调扇										
	毛衣										
	天然琥珀										
	总占比										

表 5-127　第五轮第一期末企业信息

企业信誉度		班级企业信誉度	
店铺总人气		班级店铺总人气	
总媒体影响力		班级总媒体影响力	
社会慈善		班级社会总慈善	
店铺视觉值		班级店铺视觉值	
B2C 模式		班级办公场所驻地影响	
员工经验值		班级员工业务能力	

表 5-128　第五轮第一期末排行榜

各小组	ST1	ST2	ST3	ST4	ST5	ST6	ST7	ST8	ST9	ST10
净利润										
总资产										
慈善										

任务二、第五轮第二期经营

1. 第五轮第二期规划

各网店运营团队召开新的一期规划会议，网店的管理层需要根据第五轮第一期经营环节分析，制订或调整企业的战略，做出经营规划、投资方案和营销策划方案等，填写第五轮第二期计划书，如表 5-129 所示。

表 5-129　第五轮第二期计划书

类别	内容	具体分析
本轮经营目标	经营效果	
经营规划	业务计划	
	投资方案	
	营销策划	
计划落实记录		

2. 开始运营

(1) 数据魔方分析

数据魔方为卖家提供不同类目商品的市场需求信息，即某类商品在不同城市的市场平均价格及 4 类不同需求人群的市场需求数量和基于大数据的关键词的相关数据信息，如表 5-130 所示。

表 5-130　第五轮第二期市场需求数据

商品名称	需求城市	市场平均价格	品牌人群需求数量	综合评价人群需求数量	低价人群需求数量	犹豫不定人群需求数量
服装店家具	北京	37.32	13	19	23	11
	石家庄	34.21	12	17	20	10
	天津	36.63	13	16	28	13
	广州	34.56	13	23	24	11
扫地机	北京	30.66	15	20	27	12
	石家庄	29.43	13	17	25	12
	天津	31.27	11	18	22	11
	广州	29.74	12	18	24	10
吸尘器	北京	51.36	11	17	23	10
	石家庄	50.40	11	19	22	12
	天津	44.16	10	14	20	10

续表

商品名称	需求城市	市场平均价格	品牌人群需求数量	综合评价人群需求数量	低价人群需求数量	犹豫不定人群需求数量
天然琥珀	北京	59.46	11	23	21	11
	石家庄	54.65	13	19	27	11
	天津	60.06	13	18	25	13
翡翠	北京	53.58	13	20	23	13
	石家庄	56.43	13	22	23	13
毛衣	北京	12.92	20	23	38	19
	石家庄	14.18	19	25	35	17
马夹	北京	16.39	28	52	64	34
	石家庄	17.88	36	51	62	33

（2）供货市场分析

在网店模拟运营中，一旦确定经营组数，每期的市场供应数值也是确定不变的，第五轮第二期市场供给数据如表 5-131 所示。

表 5-131　第五轮第二期市场供给数据

公司	商品	促销方式	数量	单位体积	最低价格
黄金电子城	空调扇	数量大于 300，信誉度大于 200，享受账期 0，享受折扣 0.60	0	6	2.88
	扫地机	数量大于 300，信誉度大于 200，享受账期 0，享受折扣 0.60	409	6	5.11
	吸尘器	数量大于 50，信誉度大于 50，享受账期 0，享受折扣 0.95	270	3	8.00
时尚服装厂	毛衣	数量大于 160，信誉度大于 150，享受账期 0，享受折扣 0.85	286	3	2.34
	马夹	数量大于 150，信誉度大于 120，享受账期 0，享受折扣 0.85	547	3	2.76
中意家具城	货架	数量大于 200，信誉度大于 200，享受账期 0，享受折扣 0.80	0	10	3.06
	服装店家具	数量大于 160，信誉度大于 150，享受账期 0，享受折扣 0.85	396	10	5.76

续表

公司	商品	促销方式	数量	单位体积/m³	最低价格/元
周大福珠宝商	天然珍珠	数量大于160,信誉度大于150,享受账期0,享受折扣0.85	0	2	9.10
	天然琥珀	数量大于70,信誉度大于60,享受账期0,享受折扣0.90	306	2	10.01
	翡翠	数量大于50,信誉度大于50,享受账期0,享受折扣0.90	199	2	9.50

(3)经营活动

按照经营操作顺序进行具体的经营活动,并将活动情况记录在表5-132、表5-133、表5-134、表5-135和表5-136中。

表5-132 第五轮第二期间谍活动表

各小组		ST1	ST2	ST3	ST4	ST5	ST6	ST7	ST8	ST9	ST10
数量、定价	马夹										
	扫地机										
	毛衣										
	吸尘器										
	翡翠										
	天然琥珀										
	服装店家具										
促销策略											

表5-133 第五轮第二期采购计划表

商品	采购数量	采购价格	采购预计资金	单位体积	预计体积	配送中心
天然琥珀				2		
翡翠				2		
吸尘器				6		
毛衣				3		
马夹				3		
扫地机				6		
服装店家具				10		
合计						

表 5-134 第五轮第二期资金预算表

<table>
<tr><td rowspan="2">序号</td><td colspan="4">按顺序操作各项，在金额一栏填写需求计划</td></tr>
<tr><td>项目</td><td>具体开支目录</td><td>表达式</td><td>金额</td></tr>
<tr><td>期初</td><td colspan="2">期初资金</td><td>+</td><td></td></tr>
<tr><td>1</td><td>办公场所设立</td><td>改建、搬迁、租赁费，建筑维修费</td><td>−</td><td></td></tr>
<tr><td>2</td><td>配送中心设立</td><td>改建、搬迁、租赁费，建筑维修费</td><td>−</td><td></td></tr>
<tr><td>3</td><td>店铺开设</td><td></td><td>−</td><td></td></tr>
<tr><td>4</td><td>网店装修</td><td>网店装修模板选择</td><td>−</td><td></td></tr>
<tr><td>5</td><td>采购投标</td><td>商品采购</td><td>−</td><td></td></tr>
<tr><td>6</td><td>SEM 推广</td><td>推广保证金</td><td>−</td><td></td></tr>
<tr><td>7</td><td>站外推广</td><td>媒体推广</td><td>−</td><td></td></tr>
<tr><td>8</td><td>货物出库</td><td>物流费</td><td>−</td><td></td></tr>
<tr><td rowspan="2">9</td><td>短贷/民间融资</td><td>短期借贷</td><td>+</td><td></td></tr>
<tr><td>还本付息</td><td>利息</td><td>−</td><td></td></tr>
<tr><td>10</td><td>支付工资</td><td>工资</td><td>−</td><td></td></tr>
<tr><td>11</td><td>支付相关费用</td><td>租赁费、维修费、库存管理费、行政管理费、售后服务费</td><td>−</td><td></td></tr>
<tr><td>12</td><td>慈善</td><td>捐款</td><td>−</td><td></td></tr>
<tr><td rowspan="3">轮末</td><td>交税</td><td>税费</td><td>−</td><td></td></tr>
<tr><td>长贷</td><td>长期贷款</td><td>+</td><td></td></tr>
<tr><td>还本付息</td><td>利息</td><td>−</td><td></td></tr>
<tr><td colspan="4">借贷资金需求合计</td><td></td></tr>
<tr><td colspan="4">经营资金需求合计</td><td></td></tr>
</table>

表 5-135 第五轮第二期运营活动记录表

<table>
<tr><td rowspan="2">序号</td><td colspan="3">按顺序执行下列各项操作，每操作完一项，店长在相应的空格内画“√”</td></tr>
<tr><td>经营项目</td><td>操作要点</td><td>第一期</td></tr>
<tr><td rowspan="2">期初</td><td>新期规划会议</td><td>店长召集团队召开轮度规划会议</td><td></td></tr>
<tr><td>数据魔方分析</td><td>分析商品市场需求数据</td><td></td></tr>
<tr><td>1</td><td>办公场所设立</td><td>办公城市、办公室类型选择，员工招聘</td><td></td></tr>
</table>

续表

序号	按顺序执行下列各项操作,每操作完一项,店长在相应的空格内画"√"		
	经营项目	操作要点	第一期
2	配送中心设立	配送中心城市、类型选择与租赁,员工招聘	
3	店铺开设		
4	网店装修	网店装修模板选择	
5	采购投标	商品采购	
6	商品入库	商品入库	
7	商品发布	填写商品基本信息、商品物流信息及售后保障信息、发布商品	
8	SEO 优化	搜索引擎优化、优化标题关键词,每个商品最多 7 个关键词	
9	SEM 推广	搜索引擎推广,设置所销售商品相关的关键词的竞价价格	
10	SEM 管理	根据推广计划,针对每种商品可以设计不同的推广组	
11	团购	设置某种商品的团购活动	
12	秒杀	设置某种商品的秒杀活动	
13	套餐	设置某种商品的套餐活动	
14	促销	设置某种商品的促销活动	
15	站外推广	选择央视、网络广告联盟、百度三种媒体中的一种或多种进行推广	
16	订单分发	将订单进行整理、分类后,根据到达城市,选择适当的配送中心准备出库	
17	物流选择	将已经指定配送中心的订单进行整理、分类,选择适当的物流方式准备出库	
18	货物出库	根据订单的到货期限,合理安排商品出库	
19	货物签收	根据不同物流方式的运输周期,对在订单要求的到货期限之内到达的订单实施签收	
20	应收账款/应付账款	更新应收或应付账款账期,接收或支付本期到期的应收账款和应付账款	
21	短贷/还本付息	更新短期贷款、获得新的贷款、还本付息	
22	支付工资	按期支付员工的工资	
23	支付相关费用	按期支付相应的租赁费、维修费、库存管理费、行政管理费、售后服务费	

续表

序号	按顺序执行下列各项操作，每操作完一项，店长在相应的空格内画“√”		
	经营项目	操作要点	第一期
24	慈善	捐款	
轮末	交税	交纳税款	
	长贷/还本付息	更新长期贷款、获得新的贷款、支付利息、还本付息	
	关账	每轮运营结束，轮末关账	

表 5-136　第五轮第二期库存管理表

商品	库存数量	所在仓库	未发订单数量	差额
服装店家具				
扫地机				
天然珍珠				
马夹				
货架				
空调扇				
毛衣				
天然琥珀				

（4）第五轮第二期末相关报表

期末结束，对第五轮第二期的运营情况进行总结，填写表 5-137、表 5-138、表 5-139、表 5-140 和表 5-141。

表 5-137　第五轮第二期产品核算表

商品	销售数量	销售额	成本	毛利
服装店家具				
天然琥珀				
扫地机				
翡翠				
吸尘器				

续表

商品	销售数量	销售额	成本	毛利
马夹				
毛衣				
合计				

表 5-138　第五轮第二期现金流量表

序号	按顺序执行下列各项操作,在相应的空格内填入现金变动			
期初	项目	具体开支目录	表达式	金额
	期初资金		+	
1	办公场所设立	改建、搬迁、租赁费,建筑维修费	-	
2	配送中心设立	改建、搬迁、租赁费,建筑维修费	-	
3	店铺开设		-	
4	网店装修	网店装修模板选择	-	
5	采购投标	商品采购	-	
6	SEM 推广	推广保证金(充值)	-	
7	站外推广	媒体推广(投标)	-	
8	货物出库	物流费	-	
9	货物签收	回款资金	+	
10	短贷/民间融资	贷款	+	
11	还本付息	利息	-	
12	支付工资	工资	-	
13	支付相关费用	租赁费、维修费、库存管理费、行政管理费、售后服务费	-	
14	慈善	捐款	-	
轮末	交税	税费	-	
	长贷	长期贷款	+	
	还本付息	利息	-	
合计			=	

表 5-139 第五轮第二期市场分析表

目标群体		各小组市场占有率									
		ST1	ST2	ST3	ST4	ST5	ST6	ST7	ST8	ST9	ST10
品牌人群	天然琥珀										
	服装店家具										
	扫地机										
	马夹										
	翡翠										
	吸尘器										
	毛衣										
	总占比										
低价人群	天然琥珀										
	服装店家具										
	扫地机										
	马夹										
	翡翠										
	吸尘器										
	毛衣										
	总占比										
综合评价人群	天然琥珀										
	服装店家具										
	扫地机										
	马夹										
	翡翠										
	吸尘器										
	毛衣										
	总占比										

续表

目标群体		各小组市场占有率									
		ST1	ST2	ST3	ST4	ST5	ST6	ST7	ST8	ST9	ST10
犹豫不定人群	天然琥珀										
	服装店家具										
	扫地机										
	马夹										
	翡翠										
	吸尘器										
	毛衣										
	总占比										

表 5-140　第五轮第二期末企业信息

企业信誉度		班级企业信誉度	
店铺总人气		班级店铺总人气	
总媒体影响力		班级总媒体影响力	
社会慈善		班级社会总慈善	
店铺视觉值		班级店铺视觉值	
B2C 模式		班级办公场所驻地影响	
员工经验值		班级员工业务能力	

表 5-141　第五轮第二期末排行榜

各小组	ST1	ST2	ST3	ST4	ST5	ST6	ST7	ST8	ST9	ST10
净利润										
总资产										
慈善										

任务三、第五轮轮末总结研讨

轮末团队总结是非常重要的一个环节，在模拟运营的各个环节，都需要多个岗位的共同协作，单靠一个人是很难完成如此复杂的任务。只有团队中各个队员团结一心，形成有效的合力，才能克服各种苦难，解决各种问题。

在团队形成有效的合作之后，轮末要根据经营的情况进行具体的分析，找出存在问题，为下一轮更好地发展提供基础。

1. 财务分析

根据网店经营情况，填写财务报表，见表 5-142 和表 5-143。

表 5-142 第五轮利润表

项目	表达式	上轮值	当轮值
营业收入	+	0.00	
营业成本	-	0.00	
营业税金及附加	-	0.00	
销售费用	-	0.00	
管理费用	-	0.00	
财务费用	-	0.00	
营业利润	=	0.00	
营业外收入	+	0.00	
营业外支出	-	0.00	
利润总额	=	0.00	
所得税费用	-	0.00	
净利润	=	0.00	

表 5-143 第五轮资产负债表

项目	表达式	上轮值	当轮值	项目	表达式	上轮值	当轮值
流动资产				流动负债			
货币资金	+			短期贷款	+		
其他应收款	+			应收账款	+		
应收账款	+			预收账款	+		
存货				应交税费	+		
原材料	+			流动负债合计	=		
在途物资	+			非流动负债			
库存商品	+			长期贷款	+		
发出商品	+			非流动负债合计	=		

续表

项目	表达式	上轮值	当轮值	项目	表达式	上轮值	当轮值
流动资产合计	=			负债合计	=		
非流动资产				所有者权益			
固定资产原价				实收资本	+		
土地和建筑	+			未分配利润	+		
机器和设备	+						
累计折旧	−						
固定资产账面价值	=						
在建工程	+						
非流动资产合计	=			所有者权益合计	=		500
资产总计	=		500	负债和所有者权益总计	=		500

2. 队员述职,总结问题

运营结束后,团队的每个成员都要根据自己的岗位职责进行述职,具体要求如下:

(1) 店长组织本轮度的述职工作。

(2) 每个角色本着实事求是的原则,就自己的岗位职责进行述职,找出问题,分享经验。

(3) 时间每个人限定1分钟,全部工作完成在10分钟以内。

(4) 根据述职情况,填写表5-144。

表5-144　第五轮总结与反思

1. 计划完成情况如何?
2. 企业运营遇到了哪些问题?

续表

3. 下一轮准备如何经营?
4. 通过本轮经营,每个人学到了什么?

模块六　网店模拟运营轮度总结

任务一、岗位评价

网店模拟运营系统对企业经营业绩进行积分评价。这种评价可以展现整个小组的经营业绩,但是小组内成员的评价难以衡量。网店模拟运营讲究团队合作,但也需要透彻剖析各岗位的经营得失,尽可能量化各个岗位绩效,并指出改进方向,这无疑对学生能力的提升有很大帮助。因此,在进行岗位评价时需要注意以下几个问题:

① 评价指标按职责分类。企业经营是一个整体,要想绝对没有关联地区分每个岗位的贡献是不可能的。例如,SEM 或媒体广告投入费用过大,其责任是推广专员没有成本意识还是财务总监不会进行预算?对此,只能硬性地规定属于哪个部门的责任由哪个部门来负责。

② 指标计算的原始数据取自各组实际经营情况。这样相对来说比较客观,不容易引发争议。有些指标容易计算,如 SEM 推广、媒体广告成本;有些指标需要用原始数据进行数据分析,如团队合作。

③ 指标的评判需要借助历史经验和数据,无法完全做到客观和量化。

1. 推广专员的评价

(1) 成本控制因素

用 SEM 推广费用、慈善、媒体广告/销售额,以及所接订单直接成本/销售额来衡量。这两个指标越小,说明推广专员策划的销售效果越好。

(2) 现金流配合意识

可以从应收款比率与销售收益率两方面考虑。应收款比率指应收款在流动资产中所占的比率,应收款比率大意味着资金风险大,说明在选择物流方式时回款周期考虑欠周全。销售收益率指当(期)轮销售额转化为现金的比率。转化率越高,说明销售策略选择越优。

(3) 市场份额

各组销售所占市场份额比率可以反映各类人群把握的意识和效果。当然,该指标与其他岗位因素有密切的关系,可将其划归为"团队合作"因素评价。

(4) 客户满意度

有关客户满意度的评价可以用"当期(轮)未交货订单"的金额或数量进行评价。当然,该指标与其他岗位因素有密切的关系,可将其划归为"团队合作"因素评价。

(5) 目标人群定位准确性

该指标可以用各队在各个市场份额的排名情况来判定。若在某个目标人群的份额排名越靠前,认为其定位准确性越高。

(6) 商品库存控制

这是推广专员的基本职能,能否在运营过程中进行正确预算可以销售的商品数量判定其营销管理意识是否清晰。累计库存过大,势必会造成资金占用不合理、采购计划不精准、资金周转率不高等。

2. 运营主管的评价

(1) 物流成本控制

运营主管将订单进行整理、分类后,根据到达城市,选择适当的配送中心、物流方式,根据订单的到货期限,合理安排商品出库,对物流费用进行有效控制。物流费用越小,说明运营主管对店铺物流处理的效果越好。

(2) 回款周期控制

运营主管替买家签收,签收后货款直接到账,这关系到店铺的资金流及买家信誉度。如果未在订单要求到货期限之前到货,买家将拒绝签收,客户将退货,物流运费由卖方承担,并影响卖家的信誉度和商品评价,说明在选择物流方式时回款周期考虑欠周全。

3. 财务主管的评价

(1) 财务成本控制

该因素主要涉及长短期贷款利息、民间融资利息等。财务成本大，说明该财务主管的融资意识、现金流控制意识比较差。

(2) 现金流控制

该因素主要考虑如速动比率等指标掌控，体现财务主管现金流控制意识。

(3) 财务杠杆意识

该指标是指能否正确运用贷款来提高股东回报率。

(4) 费用控制意识

该指标主要体现在各项费用投资的回报率上，如 SEM 推广的回报率。当然，该指标与其他岗位因素有密切的关系，可将其划归为“团队合作”因素评价。

4. 店长的评价

店长应当对整体经营负责，所以对店长的评价因素应当体现在以下几个方面：

(1) 股东满意度

最后，各小组根据公式“经营得分 = (1 + 总分/100) × 所有者权益 × 追加股东投资比例”计算所得分数，可以作为股东满意度的最终指数，且是核心指标。

(2) 总成本控制

所有费用的成本分摊累计可以作为店长的一个评价因素。尽管费用成本与各岗位职责相关但最终决策是得到店长认同的。因此，店长必须对最终总成本负责。

(3) 团队合作

可以将各小组内表现的最差岗位与最佳岗位之落差作为评价指标。店长的责任之一就是不断改进，使小组的最“短板”得到提高，以此来提高整个团队的业绩。

(4) 企业成长

资产规模的增长情况可以说明企业成长的好坏。

(5) 市场战略

市场战略方向是否合理，可以通过考察各市场占有率来评判。

任务二、经营分析报告

经过学习和经营实践，我们收获的不仅仅是模拟经营的过程，还包括经营完成后的总结、评价与交流。模拟经营使我们学到了知识，得到了锻炼，也获得了技能的提升，因此有必要做一个总结分析与评价。请写出 1000 字以上的经营分析报告，内容可以从表 5-145 所示类别中选择，题目自拟。

表 5-145　企业经营分析报告

专业		班级		姓名	
组号		岗位职责		学号	
题目					
报告摘要					
经营成果					
主要指标完成情况分析					
主要计划与指标完成情况分析					
建议与措施					
教师评价					

参考文献

[1] 何牧,昌运星:《网店运营》,机械工业出版社,2015 年.
[2] 王利锋:《网店运营实务》,人民邮电出版社,2016 年.
[3] 刘平:《企业经营管理沙盘》,清华大学出版社,2015 年.
[4] 何伟:《电子商务企业经营沙盘模拟教程》,电子工业出版社,2017 年.
[5] 邓文博,陈御钗:《ITMC 企业经营决策沙盘模拟实训教程》,中国水利水电出版社,2013 年.
[6] 张永武,崔立升:《ERP 沙盘模拟经营实训教程》,北京交通大学出版社,2015 年.